■ INHALT

70125139

Liebe Leserinnen und Leser,

seit dem Sommer letzten Jahres steht fest, dass die 11. Vollversammlung des Ökumenischen Rates der Kirchen 2021 erstmalig in Deutschland stattfinden wird, und zwar in Karlsruhe, das mit seiner Nähe zu Frankreich einen geographischen Vorteil in den Tagungsort einbringen kann, den andere deutsche Bewerberstädte nicht hatten. Auf der Sitzung des ÖRK-Planungsausschusses (APC) in Zypern im Januar 2019 wurde nun auch das Thema dieser ersten großen ÖRK-Weltkonferenz auf deutschem Boden festgelegt: »Die Liebe Christi bewegt die Welt zu Versöhnung und Einheit«. Die Vollversammlung soll nach dem Wunsch des Ausschusses dienen als ein »Ort, um zuzuhören, Vertrauensbeziehungen aufzubauen, sich zusammen Gedanken über den weiteren gemeinsamen Weg zu machen, sich gegenseitig in der Arbeit für Veränderungen zu motivieren und Christi Geschenk der Liebe mit Dankbarkeit und Freude zu feiern«. Im Zeitalter der Digitalisierung soll sie eine umweltfreundliche Veranstaltung werden, u.a. durch weitgehenden Verzicht auf gedruckte Konferenzunterlagen. Unsere Zeitschrift wird sich dem Vorlauf dieses ökumenischen Großereignisses in den nächsten zwei Jahren verschiedentlich widmen.

In diesem Heft findet sich zunächst ein Block aus zwei Beiträgen zur Ritualforschung. Die ghanaische Wissenschaftlerin Genevieve Nrenzah stellt in ihrem Beitrag die Wichtigkeit von Ritualen in indigener afrikanischer religiöser Tradition heraus, in der es um die Nutzung der Macht des Übernatürlichen geht. Blut ist ein zentraler Faktor, der Macht generiert, Ritual und Opfer sind miteinander verwobene Dynamiken. Schutz vor dem »Bösen« und die Nutzung der positiven Kräfte und Mächte sind zentrale Funktionen der Rituale der Akan. Claudia Hoffmann greift die »Grab-Renovation« und das Ritual Tiwah auf, das in Kalimantan (Indonesien) als wiederholtes Beerdigungsritual unter Rückgriff auf eine außerchristliche Tradition durch die Gereja Evangelis Kalimantan (Evangelische Kirche von Kalimantan, GKE) praktiziert wird. Sie verdeutlicht, dass diese Praxis von zwei Seiten der Kritik ausgesetzt ist: von Seiten der Vertreter der traditionellen Kaharingan-Religion, die hier einen »Diebstahl« an ihrer Tradition sehen, und von Seiten des innerchristlichen Synkretismusvorwurfs.

Marijan Orsolic greift den interreligiösen Chor Pontanima (spirituelle Brücke) aus Sarajewo auf, der religiöse Musik aus verschiedenen Traditionen der abrahamitischen Spiritualität nutzt. Theoretische und praktische Aspekte der Arbeit dieses Chores werden vorgestellt, der inzwischen zahlreiche Preise erhielt, und die Darstellung in die Konfliktlage von Bosnien-Herzegowina sowie allgemein in die Rolle von Musik im interreligiösen Dialog eingebettet. Joseph Bosco Bangura (Sierra Leone) greift die Ehescheidung auf, die in afrikanischen pentekostalen Gemeinden in Belgien ein delikates und häufig transnationales Thema darstellt, über das zumeist mit Rücksicht auf Gemeindeglieder geschwiegen wird. Er stellt die Vereinigung Voice of Women International Ministries (VOW) vor, die in diesem Zusammenhang moderierend und mediatierend tätig ist und Paare und Familien durch den schmerzhaften Prozess einer Scheidung hindurch begleitet, und er fordert einen Umgang mit dem Thema ein, der das christliche Zeugnis, afrikanische Kultur und die europäische Gesetzeslage ernstnimmt. Mia-Maria Fischer fragt nach der großen Anpassungsfähigkeit der Maria, die bereits in der Alten Kirche im populären Kult sehr beliebt war und sich zahlreichen Kultarten angepasst hat, ausgehend von der Volksfrömmigkeit Ägyptens. Die erheblichen Parallelitäten zwischen den Kulten der Göttin Isis (‚Göttin aller Göttinnen‘) und der Maria beruhen auf Übernahmen und Gemeinsamkeiten, die von Fischer herausgearbeitet werden: Mutterschaft, Symbol von Fruchtbarkeit, Fürsorge, Schutz. Sie reflektiert dieses Phänomen von Maria und Isis als einen Vorgang der Transkulturation, des gegenseitigen Austauschs von religiösen und kulturellen Elementen. Claudia Jahnel identifiziert die »Haut« und insbesondere die »schwarze Haut« als wichtiges Element von Zuschreibung, Konstruktion und Stigmatisierung. Schwarze Haut ist zum Zentrum von politischen Debatten geworden, verkauft sich im Film (Black Panther) und ist Grundlage von politischen Kampagnen (Black Lives Matter). Zugleich ist Schwarze Haut ein Instrument des Auf-Distanz-Haltens, des Othering. Haut ist taktil, visuell und hat zur Tabuisierung von »Mischehen« geführt, Jahnel greift diesen Diskurs als ein Desiderat der Interkulturellen Theologie auf und fordert skin studies als integralen Bestandteil des Fachs. Simon Wiesgickl nimmt das in Berlin neu entstehende Humboldt-Forum und die Diskussion darum, ob Exponate evtl. »Beutekunst« darstellen und »zurückgegeben« werden sollten, zum Anlass, um der Frage nach der Weltaneignung in Gestalt der Aneignung von Ausstellungsstücken nachzugehen, genauer gesagt, dem Weg, den tatsächlich ein Exponat zurückgelegt hat. Wiesgickl verknüpft dies mit dem postkolonialen Diskurs, der Chance des Perspektivwechsels in der Interkulturellen Theologie und mit der Konstruktion von ethnologischen Daten in der Wissenschaftsgeschichte des Alten Testaments um 1800.

Gemeinsam mit dem Redaktionsteam aus Bern, Basel, Neuendettelsau, Bochum und Hamburg wünsche ich Ihnen eine erfreuliche und gewinnbringende Lektüre dieses Heftes und grüße Sie herzlich!

Ulrich Dehn

Tapping the Powers of the Gods: Rituals, Sacrifices and Indigenous Religious Adherents

Genvieve Nrenzah

Ritual is one quintessence practice that is synonymous with the African, even more importantly so is it to the Akan[1] indigenous religious functionary and adherents.[2] They are socialized into the ritual patterns consciously or unconsciously from the cradle to the grave. Turner for instance terms ritual as a set of actions that actually work, and do so by providing order to believers' lives.[3] That is true for the Akan whose ritual life starts from the naming ceremony when a child is born, being initiated from childhood to adulthood through puberty rites, as an adult one must marry to procreate to continue the human race, the next stage is not attainable by all though everyone strives to get that position-»eldership. We must note, that there is differentiation between eldership and older[4] people and the last being the death/burial rites, which transform elders into ancestors«[5] for the others to reincarnate to life through birth. Life is cyclical according to this belief system but that is not all, in addition to the diverse life rituals, individuals and the community needs to perform rituals/sacrifice to the deities for varied purposes. For the Akan, this world is inhabited dangerously by spirits for good or evil for which reason »human beings maneuver to tap the resources of the

---

[1] Akan is one of the ethnic groups in Ghana and arguably the largest. For the purpose of this paper Akan religion and its people will be used in representing indigenous religious traditions of Ghana. The empirical data was derived from the group and hence its usage.

[2] The idea used in this article comes from my PhD thesis. I partly use some of the data from the field in the write up.

[3] Victor Turner, ›Ritual, Tribal and Catholic‹, Worship, 50, 1976, 517.

[4] An elder is an example to his family and community and may not necessarily be older. An older person is someone who is grown in age but not automatically wise enough to be an elder.

[5] Nana Gyapa Ameyaw, interview by Genevieve Nrenzah. October 10, 2018.

benevolent spirits to ward off the machinations of the devouring spirits.«[6] Human beings engage the good spirits through ritualistic contracts. Rituals then provide the contexts for tapping into spiritual power sources to meet these needs. Quack and Tobelmann have raised several questions on the efficacy of ritual. The »questions are related to the observation that many rituals are seen by analysts as actions that fail to accomplish the ends for which, according to their practitioners, they are performed.«[7] Despite those issues, in Akan indigenous religions, potent spiritual power is emphasized in as much as it is the raw material used to provide wealth and health. A religion reputed to have superior spiritual power will naturally elicit attention from adherents. For it is a need based religion and agents and practitioners always connect to the highest bidder in terms of spiritual powers through rituals and sacrifice. Many indigenous religious adherents enlist the help of religious agents to help them engage with the supernatural through rituals/ sacrifice.

In what ensues I will demonstrate how Akan indigenous religious functionaries such as the chief, priests/priestesses and adherent seek help from the supernatural through enactment and re-enactment of religious, socio-cultural and/or political rituals. Using the Ashanti Akan ritual activities on their forty-day religious calendar εda duana (forty day) but also drawing on others we deliberate of how ritual or sacrifice is utilized among Akan indigenous adherents and religious functionaries.

Tapping the Powers of the Gods

The Ashanti Akan's as a group are among the few ethnic groups in Ghana that still hold their religious, social, political and cultural practices in high esteem and try to maintain the tradition as they inherited it from their ancestors.[8] From generation to generation, the events of their social and religious calendars have been enacted and re-enacted by the indigenous religious functionaries, agents and adherents as handed down by their *nana nom* (ancestors). Their forty day calendar

---

[6] Ogbu U. Kalu, Ancestral Spirituality and Society in Africa, in African Spirituality, the Crossroads Publishing Company, New York, 2000,56.
[7] Johannes Quack and Paul Töbelmann, Questioning »Ritual Efficacy«, Journal of Ritual Studies, Vol. 24, No. 1, (2010), 13.
[8] Louise Muller, »Dancing Golden Stools: Indigenous Religion as a Strategy for Identity Construction in Ghana,« Fieldwork in Religious 5.1. (2010): 53.

cycle, known as *ɛda duanan*, is full of ritual days which are purely religious, socio-cultural and/or political. Although there are several of these rituals among the Ashanti-Akan' we hope to cite examples from what will be necessary in the discussion.

In Akanland, indigenous religious adherents-priests, priestesses, practitioners, users and fans who wish to have wealth and health must be in tune with the supernatural through contract which is often through rituals and sacrifices. As a matter of fact, two things make the African Akan susceptible. The first is the dual nature of man. The human according to the Akan worldview is made up of both the physical and the metaphysical. For the physical aspect to function well, the metaphysical must be impeccable and the only way to keep the metaphysical faultless is to contract the gods for protection. The second point to buttress why the Akan need the deities at their corner is the fact that, there is hierarchy of the supernatural according to the worldview – The Supreme Being (Onyame) is first, followed by the deities/gods, ancestors, other spirits and lastly man. Man is at the mercy of all in hierarchy because he is at the bottom and hence needs protection from the most powerful to function well. By virtue of the aforementioned, adherents tap the powers of the gods/deities through rituals and sacrifice. Their actions and deeds must be attributed to the will of the deities. Religious functionaries such as the priests/priestesses claim to have the »third eye« provided by the deities which allows them to »see things« in the spiritual realm. In essence, that eye gives them an edge over others as they can communicate with spirits in their sleep, while walking or even when sitting.

When they are aligned with the deities for obeying them, they become powerful and are able to tap their powers through dreams, falling in trances or getting possessed. Priest/Priestesses whether performing miracles in public places, healing in the shrines, or prescribing ritual remedies, taps into the powers of the several deities but even as priests, they must also give something substantial to the god/deities to keep them active and aligned with them. This is the rationale behind rituals or sacrifices. The rituals/sacrifice are done by praying to the deities through the pouring of libation and feeding deities with different food especially blood. The utmost gift to the deities is the use of an animal or blood and it is normally used for atonement or highest votive gift. Blood, the medium of the animal's life- force, makes the deities more powerful. It furnishes the gods with the spiritual power they in turn transmit to the priest.

A priest explained that the effigies in the shrine are the representations of the deities. The deities are spirits and can only manifest through humans but they are represented in the shrine through the effigies. The effigies are made from different materials. Some are fashioned from pieces of wood or logs and others look like steel vessels, molded clay and carved woods. A few of the effigies are built with animal skin, while others are in the form of a talisman with a rope or string tied to them. *Bosomfo* Kojo Poku explained that the effigies I observed were lifeless without blood. They become »sharp« or animated with spiritual power when blood is poured on them. The significance of blood in Akan religion is therefore not too different from its significance in the Yoruba religion where *Ashe*, which is believed to be a life-force that runs through both living and inanimate objects, is transmitted through blood among other vessels.[9] In essence, what it means is that the deities also need some material or substances for survival; the deities/ gods need food to survive just as humans, but the most vital type of their food is blood. The more one feeds the deities the more powerful or healthier they become. As they become powerful, they transmit more power to the priests and the priestesses as well as wealth and health to individual adherents or communities.

The analogy is that just as human beings can die as a result of hunger so can the deities, when they are not fed with blood – they become weary and powerless. As a priest explained some priests/priestesses have been rendered powerless for the reason that they refused to feed the deities/gods they serve and hinted also on adherents who got plagued with incurable diseases, demented or even die for similar cause. The point I wish to stress is that for an adherent/devotee to tap into the powers of the supernatural he or she must be willing to perform the daily, weekly, monthly or even yearly ritual as prescribed by the deities. Failure to impress them through observation of prescribed rites will prompt the deities to withdraw their security and the obvious consequences. The fascinating irony is that humans must act in order to sustain deities to function. Human must make the effort to sustain them in order to be sustained. Religious functionaries as well as adherents and the gods/deities must all do their part in this spiritual economy for the physical and metaphysical worlds to run smoothly, in order for the human beings to attain wealth and health which is the ultimate here and now, heaven for the Akan. It's a two way issue so one can precisely term it as a contract. This will

---

[9] Ashe is the power through which things materialize or come into being according to Yoruba belief and that power in the world could be tapped by sacrificing blood. When an animal is sacrificed, the power in the form of blood in a living being sacrificed is transmitted back to the person who performed the sacrifice.

be clearer in our subsequent discussion on rituals/sacrifices encountered during my fieldwork. These are the two major ritual activities religious functionary's and adherents perform both at the individual and communal levels to tap the powers of the deities in order to be empowered to address problems of adherents and clients alike.

Individual Ritual/Sacrifice

As the name indicates, such ritual sacrifices are performed by individuals for the purposes of veneration, protection, renewal of contract with deity, atonement, warding off evil, averting curses, and attacking one's enemies. When a devotee or adherent makes a contract with a deity, that individual must offer what has been agreed on at whatever time or space they agreed on. The indigenous priests/priestesses offer animal sacrifices to the deities on special ritual days for the purposes of empowering the gods to replenish their powers or worshipping their existence. For the Akan Ashanti, apart from the several prescribed religious rituals sanctioned by the deities and directed by Asantehene, the religious and political leader of the Ashanti's, religious functionaries and individual perform several rituals in the year. One priest explained that, »I have to perform these ritual/sacrifices to assure the gods that I am still with them and they in turn renew their vows of helping me in all my activities.«[10] In the same vein, individual's turn to priests in shrines with different issues to consult with deities and when diagnoses are made, they are tasked to offer rituals or sacrifices on one of the ritual days within the religious calendar to solve the problem or any day. A deity may also instruct a devotee to offer the ritual every day, weekly, monthly or yearly. This could be an animal or some other objects.

After observing several consultations, I noted that the first thing a typical adherent does [that is, upon getting out of the consulting room] is to inquire from the helpers in the shrine where he/she could find a fowl and schnapps to buy.[11] These two items are needed for the deities to solve most of the problems clients

[10] Kwaku Bonsam, interview by Genevieve Nrenzah, January 20, 2012.
[11] Fowl and schnapps are used in determining whether the deities would accept to solve the person's problem or not. The fowl is first slaughtered and left to display, when it turns its head and chest up the sky it means the deities have accepted but if it turns it head down it means the deities are not ready to work on the client's problem. At this point, the schnapps is used in pouring libation to plead on behalf of the clients for the deities to act. Afterwards, another fowl is slaughtered and once it is accepted other

send to the shrine – health, wealth, job, protection, and vengeance. I therefore concluded that the most commonly used items are fowls and schnapps. However, I also noted that if the deities prescribed animal sacrifice, they will demand that a specific animal be slaughtered for a particular god. Blood sacrifices are constant items in the shrines' ritual culture though specific problems call for them. When a remedy calls for the sacrifice of an animal, the priest, who will be possessed during the ritual, will demonstrate traits associated with the sacrificed animal. For example in the context of a dog ritual sacrifice, the deity for which this sacrifice has been performed will possess the priest, causing him to behave like a dog. Also the choice of a sacrificial animal can be determined by its suitability for meeting the specific needs of the client on account of its natural attributes. Thus a dove, when used in a sacrifice, can aid in solving problems whose sources are far-flung or whose solution is required in a far flung place. This is because of the notion that a dove can fly beyond the specific geographical borders of a locale to effect what the clients wants in a distant land. Pointedly, the importance of ritual and sacrifice forms an integral part of the Akan indigenous religion.

For a priest or religious functionary as an individual, to tap into the powers of the deities I observed that on one of his ritual worship days at the beginning of the year, thus first Sunday of the year. The priest made the biggest sacrifice by killing a cow. He and his assistants then pour the blood on the deities. As they continued pouring the blood and pouring the blood in the presence of everyone, he became possessed and danced to the different rhythms of his deities. He was said to have fallen speedily into trance and did not know what he was doing. The Bopomofo or mouthpiece of the deities explained that, the deities have accepted the veneration of the priest and they will in turn empower him. Suddenly, he started engaging in some spontaneous acts that were not only bizarre but could even be described as dangerous. For example, he immersed the heads of his followers' babies in a pot of something he had concocted on his altar and said he was baptizing them, an activity his followers claim was the first of its kind in the shrine; in so doing, he risked drowning them but they believed that he has tapped the powers of the deities and acting on their behalf to bless adherents.

On another occasion, Kɔmfo Oforiwaa, a priestess after offering a ritual sacrifice of a huge sheep at the beginning of the year to thank the deities and ask for

---

rituals continue. The follow up ritual could be another animal [sheep, cattle, dog, dove, cat etc.] sacrifice or other.

their continuing powers, became possessed and ran to the river by her house inhabited by the goddess known as *asuo abena* to fetch water, first she served it to those at the gathering, and later sprinkled it on them. She explained the act was to cleanse and *nhyira* (bless) those gathered. Vansina has rightly postulated that » the core of most African religions is ritual,« defining it as »sets of actions aimed at improving or safeguarding man's [sic] lot, actions which make sense only if understood in terms of an underlying symbolic system and often presupposing beliefs about the preternatural.«[12] We observed that in the two different shrines and on different occasions, the two religious functionaries tapped the powers of the deities after giving something substantial to their divinities as agreed in their contracts. Getting extremely endowed with powers after a ritual yields inventions. This is because the two priests would later admit that the activities performed on those occasions at their respective shrines were new. On the basis of this we can describe both performances as innovations in indigenous religions. Yet the concept of baptism and sprinkling of water are not new; both are Christian rituals practiced especially by missionary churches in Ghana. Casting their rituals as *Asubo* and *nhyir*a Christian rituals, these ritual agents are appropriating Christian ritual forms and syncretizing them in a bid to garner appeal and the interest of clients and adherents alike. The intention might be to cajole people to consult with them without guilt feelings.

Communal Ritual / Sacrifice

The communal rituals or sacrifices are enacted for the good of all the community. The Akan religious days are called *da bone*. The rituals and sacrifices performed on those religious days are communal and observed in the whole of the Ashanti region on the same day. Apart from these planned religious days, the political and spiritual head of the *Asanteman*, the *Asantehene* can, in consultation with his council perform communal sacrifices for the good of the Asanteman and Ghana as a whole. Recently, I had the opportunity of observing a communal sacrifice at the Manhyia palace in Kumasi.

On this day the king of Ashanti, *Asantehene* Otumfoɔ Osei Tutu II who as-

---

[12] Jan Vansina, Review of T. Ranger and I. Kimambo, eds., The Historical Study of African Religion (London, 1972), in the International Journal of African Historical Studies VI. 1 (1973): 178–180.

cended the *Sikadwa* (golden stool) on the 26 April 1999, celebrated his 15th anniversary. A ban was placed on drumming, funeral rites, and noisemaking from the 28th March to 28th May. The *sumankwahene* explained that the ban was not just a mere exhibition of authority of *Asantehene* over the Ashanti Kingdom but made room for people to reflect on life, remember ancestors, pray for the protection and goodwill of the people in the kingdom and Ghana as a country and for natives who live abroad. One element here that deserves special mention is the *Kuntukunideε* a day which is linked with the *Akwaisidae*. It fell on 30 March 2014. *Kuntukunideε*, as the name implies means black or dark day. The dress code for that occasion was black or red, symbols of the dead, as the day was to commemorate the past heroes of the kingdom and offer communal prayer for the progress of *Asanteman* and Ghana. An animal was slaughtered and the blood was sprinkled on the grounds where the activities took place, the Manhyia palace, and the seat of Asanteman. It is believed that the religious performances or re-enactments of past ancestral practices will invite the ancestor' home. Eliade forcefully points out that, rituals re-enact a cosmic myth which transforms the community by bringing it back into a sacred moment of origin.[13] In a similar vein, the people re-enacted the ritual, singing war songs, dramatizing the *abrafoɔ* dance with their faces painted in black just as they went to war in days of old, the *abrafoɔ* waging war against their enemies. The *sumanbrafoɔ*- executioner deities in the spiritual world are merciless in dealing with spiritual enemies just as the physical *abrafoɔ* cut off heads of physical enemies without any pity for them.

Another essential communal ritual activity is the Akwasidae or Adae festival. The Akan Ashanti indigenous religious activities are calculated as 40 days and in some instance 42 days within the forty day calendar. Akwasidae is often counted as the first Sunday of every six weeks. Within the forty days there are also ritual days such as Fofie, Fodjour, Awukudae, Memenda dapaa and others but the biggest and most significant in the life of an Akan indigenous religious functionary and adherent is the Akwasidae. It is a mixed bag of reunion, commemoration, merry-making and veneration with rituals and mourning of the departed. On this occasion an animal is killed, and the blood sprinkled on the stools and effigies in the shrine. Libations too are poured as it offers the community the opportunity to connect with the gods/deities but it is also a time that individuals

---

[13] Mircea, Eliade, The Sacred and the Profane: The Nature of Religion. Trans. Willard R.Trask. (New York: Harcourt, Brace and World, 1987), 93.

make or renew their contract with the supernatural and demand favors from them as well.

For the indigenous religious agents such as the chiefs or Asantehene to dispense of their best to the community they must tap into the powers of these deities. These ritualistic sacrifices and gatherings are therefore pertinent to the good of the community and the leader if he wants to hold power. A place to offer such rituals and sacrifices is also at the heart of religious functionaries and adherents. Shrines therefore feature a lot in such a tradition.

Shrines as Sacred Spaces for Tapping Spiritual Power

According to my observations throughout the course of my research in the various shrines, tapping into the powers of the deities rest on the priests or priestesses building a shrine to house the deities after a ›call‹, to the priestly vocation. This means that, the deities must have a location of abode before they can communicate with humans. Therefore, Benjamin Ray's depiction of »African shrines as purely natural in form, such as forest groves, large rocks, or trees where the gods and spirit dwell«[14] is laudable yet there are also man made shrines built with raffia sticks or clay and in contemporary times block shrines where the deities are placed – they are becoming more sophisticated these days, but in the shrine are effigies that are receptacles of the powers of the gods they represent. According to Kɔmfɔ Kyei, *Kɔmfopayin* an indigenous high priest at Aboabo in the Adansi district, and the president of the Ashanti regional GPTHA those receptacles or effigies are lifeless. In other words, the effigies are empty until the deities come to inhabit them. Kyei explained, »When you want a deity to come and listen to issues, you must invite the deity by pouring libation on the effigy. The deity comes almost immediately to inhabit the effigy and listens to you. Until a deity comes to dwell in an effigy, it is empty and can be lifted but as soon as the deities occupy it, the effigy becomes very heavy.«[15] I wish to propose then that these effigies in the shrines could be likened to mobile phones. The effigies are media for communication as there is always a ›call‹ on one side by the priest and a receiver on the other side by the deities. However, communication can only ensue when

---

[14] Benjamin Ray, »African Shrines as Channels of Communication,« in African Spirituality: Forms, Meanings and Expressions, ed. Jacob K. Olupona (New York: Crossroad Publishing Company, 2000), 26.
[15] Komfoɔ Kyei, interview by Genevieve Nrenzah, April 17, 2012.

the other party decides to pick the call. Following this analogy we can say that the religious functionary or individual adherent summons the deities by placing a call to them through the pouring of libation on the effigies. The deities then respond to the call by coming to reside in the effigy taking embodied forms. In this location the deities are able to listen to the reason for calling them.

Secondly, for the priest to remain powerful and continually access the services of the deities he represents, he must offer ritual sacrifices of blood to them. This would also apply to clients or adherents who seek favours from the deities.

Conclusion

One theme around which this discussion revolves is the idea of rituals in shaping the indigenous religious tradition even in contemporary Ghana. Ritual is at the core of the indigenous religions of Ghana and ritual performances provide the context for action in tapping the powers of the supernatural. We have discussed the different making of rituals both at the individual and communal level and highlighted its potency in demonstrating as well as edging religious functionaries and adherents to tap spiritual power.

Secondly, blood is the potent material force that creates power. Blood is used in two ways. It is used in generating power from the deities. Through human action the gods stay alive and they in turn bestow power on the giver. Again performing the ritual of tapping the powers of the gods, blood is used in cleansing humans and also disinfecting spiritual contamination. Finally, we raised the question on the efficacy of rituals and contended that in the line of the research a researcher cannot affirm or deny whether a particular ritual works for the adherent, yet it's almost perpetual endurance in the Akan Ashanti speaks to the fact that it works for them.

(Dr. Genevieve Nrenzah ist Research Fellow am Institute of African Studies der University of Ghana in Accra)

ABSTRACT

This article explores the core of rituals in indigenous religious traditions and critically examines the religious functionaries and adherents. It discusses the motive behind adherents tapping into the powers of the supernatural. Findings indicate that rituals and sacrifices are performed to build a wall of continuous protection from »evil« and providence from the gods in order to negotiate the difficult terrene of mundane life. Individuals or communities use ritual forms to pull an invisible transcendent to respond to their call. In the Akan indigenous religions, ritual is a cardinal pillar in the tradition but in the context of a ritual can also be a sacrifice, therefore the two are often used interchangeably. Using illustration of the numerous Akan ritual sacrifices/ we stress on the essentiality of blood as commodity used in indigenous religious ritual to tap the powers of the deities by both communities and individuals.

Beerdigungsriten in Mittelkalimantan

Claudia Hoffmann

Es ist heiss, die Sonne steht hoch am Himmel. Ein Grab liegt offen vor uns, die Knochen von vier Menschen, wenige oder viele Jahre zuvor beigesetzt, wurden vor einer Woche ausgegraben, gesäubert und in weisse Spitzendecken gebettet. Nun liegen sie in einfachen Holzkisten neben dem Grab. Das neue Grab ist fertiggestellt, in das alle vier Familienmitglieder aus drei Generationen gemeinsam bestattet werden. Familie von nah und fern und Gemeindeglieder haben sich versammelt. Die Pfarrerin betet. Ihre Stimme scheppert laut durch das Mikrofon.

Ein langer Menschenzug zu Fuss, manche auf Motorrädern, andere in Autos setzt sich in Bewegung. Wir gehen vom Friedhof zum Haus von Thomas. Hier sind seit den frühen Morgenstunden Frauen aus der Familie damit beschäftigt das Fleisch eines grossen Wasserbüffels, Gemüse und Reis für die vielen erwarteten Gäste zuzubereiten. Vor dem Haus ist ein auf den Seiten offener Faltpavillon errichtet, darunter stehen gut zweihundert Plastikstühle. Es herrscht ein Kommen und Gehen, ein reges Treiben. Weit mehr Menschen als auf dem Friedhof finden sich hier ein.[1]

Erst seit Kurzem (in den vergangenen zwanzig Jahren) gibt es in der Beerdigungspraxis der evangelischen Christen in Mittelkalimantan eine interessante Entwicklung, die von transkulturellen Prozessen zeugt. Die Grabrenovation *pemugaran kuburan*, in der das Grab der Eltern »schön gemacht« wird und die in der Regel alle evangelischen Christen und Christinnen in Mittelkalimantan

---

[1] Diese Beschreibung geht zurück auf Daten, die mir Pendeta Dein G. Narang zur Verfügung gestellt hat. Die Bilder, kurzen Videos und Texte beschreiben eine Grabrenovation, die am 26. 10. 2014 und 4. 11. 2014 im Dorf Sei Riang im Kirchenkreis Tewah durchgeführt wurde.

durchführen, wurde zu einem grösseren Ritual mit einer Knochenumbettung umgestaltet. Woher kommt diese Praxis, wo findet dieses Ritual seine Wurzeln?

Im Folgenden werden wir diesen Fragen nachgehen und ermitteln, wie das christliche Ritual der Grabrenovation im Kontext Mittelkalimantan verortet werden kann. Dabei werden wir entdecken, dass dieses Ritual Ähnlichkeiten mit dem traditionellen Totenritual Tiwah hat und heute droht, zu einem regelrechten interreligiösen Konfliktfall zu werden.

1. Die Grabrenovation *pemugaran kuburan*

Normalerweise werden in der Grabrenovation keine Knochen ausgegraben. Das Grab wird lediglich mit Fliesen bedeckt, es werden Fotos aufgestellt, das Holzkreuz wird durch ein grösseres oder kleineres Monument ersetzt. Bereits diese für Mittelkalimantan eigenen Elemente in der Beerdigungspraxis lösen in Westeuropa leichtes Erstaunen aus. Weit mehr überrascht die oben beschriebene jüngste Praxis, in der die Gebeine der Verstorbenen ausgegraben, gereinigt und in einem neuen Grab, manchmal an einem anderen Ort vereint mit anderen Familienmitgliedern wieder bestattet werden.

Beim Ritual *pemugaran kuburan* inklusive Knochenumbettung handelt es sich um eine »*Bottom-up*-Indigenisierung« der Evangelischen Kirche Kalimantan. Weit entfernt von der Kirchenleitung in Banjarmasin im Süden von Kalimantan beginnt in ländlichen Gebieten am Oberlauf des Flusslaufes Kahayan ein eigenständiges Denken und Handeln der Bevölkerung. Es scheint so, als holten sich die Menschen ihr traditionell enges Verhältnis zu ihren Toten zurück, das in der Sekundärbestattung Tiwah, die von Anhängern der traditionellen Religion (heute *Agama Hindu Kaharingan* genannt) praktiziert wird.

Eigentlich ist diese Entwicklung in der Kirche hin zu einer Indigenisierung der christlichen Beerdigungsriten nicht neu. Bereits in der Gründungsphase der Kirche in den 1940er-Jahren kam in der Bevölkerung das Bedürfnis nach einem christlichen Tiwah auf:

> Eine Gemeinde am untern Kapoeas hat die Gebeine der Eltern u. Grosseltern mit einem Fest begraben. Sie nennen es »christl. Tiwah« und beschreiben es in einem kleinen Aufsatz, der für die Brita Bahalap [lokale Zeitschrift, Anm. CH] bestimmt war. … Nach dem Bericht ist wohl alles typisch Heidnische vermieden, aber es blieb doch noch ein grosser Rest,

wo man ein Fragezeichen machen musste. A. Samat schlug vor, wenn Christen ihre im Heidentum begrabenen Eltern u. Verwandten begraben wollen, sollen sie das zwar mit aller Pietät, aber in der Stille ohne Fest tun.[2]

Während in einer ersten Phase der Kirchengeschichte Kalimantans Elemente der traditionellen Beerdigungspraxis ganz verboten oder ins Abseits geschoben wurden, drängen sich heute erneut, wiederum ausgehend von der gewöhnlichen Bevölkerung, traditionelle Elemente in die christliche Beerdigungspraxis hinein. Heute geht es dabei nicht mehr nur um die Bestattung von Verwandten, die nicht dem Christentum angehören, sondern es geht vor allem um eine Kontextualisierung der christlichen Beerdigungspraxis. Teilweise entsprechen die Rituale der Grabrenovation in weitreichendem Masse dem traditionellen Totenritual Tiwah, das heute noch von Anhängern der Religion Hindu Kaharingan in Mittelkalimantan gefeiert wird. Es scheint so, als genüge die durch die Rheinische und Basler Mission seit Mitte des 19. Jahrhunderts importierte Beerdigungspraxis der lokalen Bevölkerung nicht. *Pemugaran kuburan* zeugt von einer Suche nach einer eigenen Identität der Kirche. Wie kann sie christlich sein und dennoch mit ihren kulturellen Traditionen verbunden bleiben? Die Antipathie gegenüber der traditionellen Kultur in den Anfängen der Kirchengeschichte habe bereits viele Verluste gebracht. Christ werden bedeute ebenso viel wie fremd werden, hat ein Student der theologischen Hochschule in Banjarmasin 1994 in seiner Bachelorarbeit festgestellt und ruft dazu auf, dass sich insbesondere die Beerdigungspraxis der Kirche kontextualisieren soll.[3]

Die Suche nach einer eigenen Identität gestaltet sich in Mittelkalimantan zäh aus. Dies überrascht, denn die Kirche wurde bereits sehr früh, 1935, unabhängig. Bei einem genaueren Blick verstehen wir aber, dass diese Unabhängigkeit zuerst eher oberflächlich und dann plötzlich zustande kam. Bei Weichenstellungen zur Kirchengründung wurde die einheimische Bevölkerung nicht miteinbezogen. Darüber hinaus verliert die Basler Mission ihre tonangebende Stellung erst 1942 durch den Einmarsch der Japaner. Während in den ersten sieben Jahren der Unabhängigkeit noch nicht von einer wirklichen Selbstständigkeit der Kirche zu sprechen ist, wird nun der Prozess der Selbstständig-Werdung unnatürlich und

---

[2] Basler Mission, Aufzeichnungen von der Pandita-Konferenz in Bandjermasin vom 6.–15.11.1940, 48 S. (BMA B–10.18,18), 47.
[3] Vgl. Mediorapano, Usaha Pemanfaatan Unsur-Unsur Adat Istiadat yang Terkait di dalam Upacara Tiwah bagi Kehidupan Jemaat, Banjarmasin 1994.

massiv beschleunigt. Viele Missionare der Basler Mission wurden interniert oder hingerichtet. Die noch junge Dayak-Kirche erlebt dadurch einen Schock, sie steht von einem Tag auf den anderen ganz auf ihren eigenen Füssen, ohne Verbindungen zu und ohne finanzielle Unterstützung aus Basel.[4]

In den ersten 10 Jahren ihrer Kirchengeschichte war die Kirche also mit ganz anderen Fragen beschäftigt als mit Fragen, die ihre kulturelle und christliche Identität betreffen. Hinzu kommt, dass sich die Evangelische Kirche in Kalimantan seit 1950 als regionale Kirche versteht, sie änderte ihren Namen von *Gereja Dajak Evangelis* zu *Gereja Kalimantan Evangelis* und macht damit deutlich, dass sie sich nicht als Stammeskirche versteht. Dies hat wohl einen erheblichen Einfluss auf den Umgang mit traditionellen Elementen aus der Dayak-Kultur, mit denen in dieser Kirche im Vergleich zu anderen sogenannten indigenen Kirchen eher zögerlich umgegangen wird.[5]

Grundsätzlich hat die Kirche in den letzten Jahren Empfehlungen zum Umgang mit traditionellen Elementen ausgearbeitet, die als Orientierungshilfe und Richtschnur zu verstehen sind. Dennoch werden die Fragen der alltäglichen Praxis auf der institutionellen Ebene gemäss meines Kenntnisstandes nicht breit genug diskutiert. In der Kirchenordnung werden Empfehlungen abgegeben bezüglich der Teilnahme von Christen und Christinnen an sogenannten *Adat*-Zeremonien, womit traditionelle Sitten, Bräuche und Riten gemeint sind, die nach einem ungeschriebenen Gesetz der indigenen Bevölkerung verlaufen. Die Kirchenordnung ruft dazu auf, dass Ortsgemeinde, Pfarrpersonen und jedes einzelne Gemeindeglied selber reflektieren, wie und ob eine Teilnahme möglich ist. Jeder und jede soll selbst überprüfen, ob ihr Glaube stark genug ist. Ähnlich verfährt die Kirchenordnung mit der Frage nach der Verwendung von traditionellen Elementen in christlichen Ritualen. Die Kirchenordnung schreibt fest, dass traditionelle Elemente erlaubt sind, wenn nicht explizit Bezug genommen wird auf Geister oder Elemente der Kaharingan-Religion und solange von diesen

---

[4] Für weiterführende Ausführungen der Kirchengeschichte der Evangelischen Kirche in Kalimantan siehe Fridolin Ukur, Tuainnya Sungguh Banyak. Sejarah Gereja Kalimantan Evangelis Sejak 1835, Jakarta 2000². Eine Kurzfassung der Kirchengeschichte auf Deutsch findet sich in Claudia Hoffmann, Fremdbegegnung – Das Totenritual Tiwah und die Basler Mission in kontakttheologischer Perspektive, Berlin 2018, 174–181.

[5] Vgl. für den Umgang mit traditionellen Elementen in der Beerdigungspraxis die Batak-Kirche in Sumatra, die eine etwas andere Entwicklung durchlaufen hat; Julia Linder, Zweitbestattung bei den Toba-Batak in Sumatra, Indonesien. Die Dynamik zwischen Historie und rituellem Wandel. Religionsgeschichtliche Entwicklungen in Reaktion auf das Christentum, Rottenburg 2015.

traditionellen Elementen kein Heil erwartet wird.[6] Die Kirchenleitung macht in ihrem jüngst herausgegebenen Katechismus einen sehr konkreten Vorschlag, wie der Reflexionsprozess bezüglich der Verwendung traditioneller Elemente aussehen könnte: Sie sollen im Gespräch mit einem Kultur-Experten, im Licht des Evangeliums und mit Hilfe des Heiligen Geistes sortiert werden. Einige Elemente erfahren durch diesen Prozess eine Bestätigung, andere müssen erneuert und wieder andere ganz verworfen werden.[7]

Trotz dieser Bemühungen der Kirchenleitung entstehen Grauzonen und Unsicherheiten in der Bevölkerung, die Dialog und Diskussion erfordern. Fällt das Ritual *pemugaran kuburan* in die Kategorie der *Adat*-Zeremonien? Ist das Ausgraben und Säubern der Knochen ein traditionelles Element oder werden damit Kräfte und Geister einer anderen Religion in Verbindung gebracht? Fragen rund um eine Kontextualisierung der Beerdigungspraxis in Kalimantan können mit Regeln und Ordnungen nur unzureichend beantwortet werden. Die Kirche sollte sich um diese Fragen vermehrt bemühen, denn Beerdigungen spielen im Lebensverlauf jedes Menschen eine wichtige Rolle. Darüber hinaus haben Beerdigungsriten in der Bevölkerung in Mittelkalimantan einen besonders hohen Stellenwert aufgrund des traditionellen Totenrituals Tiwah.

2. Das Totenritual Tiwah – eine Beschreibung

Es ist bald Mittagszeit. Der Friedhof ist bevölkert mit vielen Menschen, die in Gruppen den Sand aus den Gräbern schaufeln. Manche Gräber liegen schon offen vor mir, an gewissen Orten sind die Knochen bereits ausgegraben und werden mit Seifenwasser sorgsam gereinigt. Es herrscht eine fröhliche und fast ausgelassene Stimmung, es wird geschwatzt und diskutiert, geraucht und gelacht. Die gesäuberten Knochen werden sorgsam in ein schwarzes Tuch und damit in eine kleine Kiste oder einen Gong gelegt.

Grosse, kräftige Wasserbüffel sind an Opferpfählen, sogenannten *sapundu*, festgemacht. Ihre Hörner und Schwänze sind festlich dekoriert. Sie werden mit Reiskörnern und Segenssprüchen von Frauen gesegnet und so auf ihre Bestimmung vorbereitet. Durch ein Mikrofon wird angesagt, dass die Tiere nun in der zuvor festgelegten Reihenfolge abge-

---

6 Vgl. Badan Pekerja Harian Majelis Sinode Gereja Kalimantan Evangelis, Himpunan Peraturan Gereja Kalimantan Evangelis, Banjarmasin 2011.

7 Vgl. Sinode Umum GKE, Katekismus Gereja Kalimantan Evangelis, Banjarmasin 2015, 46.

stochen werden dürfen. Mit einzelnen Lanzenstichen werden die Tiere getötet. Die Wasserbüffel gehen langsam zu Boden und hauchen ihr Leben aus. Sie sind zu einem Leben im Jenseits berufen. Und dieses Leben verspricht schön zu werden.

Von weitem sind die dumpfen Klänge grösserer und kleinerer Gongs zu hören. Männer und Frauen tanzen einen Tanz in langsamen Bewegungen, bei dem sieben Mal das Sangkaraya, die rituelle Mitte des Tiwah, umkreist wird. Bei den Musikpausen wird drei Mal *mahalap* gerufen, danach setzt das langsame Schreiten wieder ein. Die Arme werden seitlich abgehoben, bis auf Schulterhöhe, sie sind dabei gestreckt, die Hände sind zu Fäusten geschlossen. Die Knie werden langsam gebeugt, ein leichtes Aufspringen folgt. Danach werden die Arme wieder langsam gesenkt.

Rhythmische Trommelschläge und Männergesang erfüllen den Raum. Ein Vorsänger, der *basir upu*, singt vor, die anderen Priester singen ihm nach. Die Stimmung ist andächtig und konzentriert. Es wird in einer heiligen, sich von der Alltagssprache unterscheidenden Sprache gesungen. Die Schöpfungsmythe wird rezitiert. Dadurch wird den Seelen der Weg ins Jenseits ermöglicht, so erklärt mir mein Begleiter. Die verschiedenen Seelenteile müssen kleinere und grössere Gefahren überwinden, von denen die Priester in ihren Gesängen erzählen, bevor sie im Lewu Tatau, im reichen Dorf, ankommen.[8]

Die oben geschilderten Ausschnitte eines Tiwah betonen einzelne Teile, die in diesem Ritual meiner Meinung nach besonders auffällig und wichtig sind. Es ist dies erstens die Ausgrabung der Knochen der Verstorbenen, die zum Anfangsteil des Tiwah gehört und zeitgleich mit dem Errichten und Herstellen zahlreicher Bauten und Gegenstände stattfindet, die für die Durchführung eines Tiwah wichtig sind. Die Ausgrabung der Knochen verdeutlicht die auch körperlich enge Beziehung der Menschen zu ihren Toten. Zweitens folgt die Beschreibung der grossen Wasserbüffelopferung, die früher und heute bei Nicht-Betroffenen viele Fragen und Diskussionen auslöst. Drittens habe ich den Tanz *kanjan* beschrieben, der die wichtige Funktion der Festgemeinschaft bei einem Tiwah zeigt. Und schliesslich die Priestergesänge, mit denen die sich noch auf Erden befindenden Seelenteile ins Jenseits begleitet werden. Nur mit Hilfe der Priester und ihrer Gesänge erhält ein Mensch ewige Ruhe und Frieden. Die zentrale Bedeutung der Priester beim Tiwah wird hier deutlich.

---

[8] Diese Beschreibung geht zurück auf meine teilnehmende Beobachtung an einem Tiwah in der Stadt Palangkaraya, der Provinzhauptstadt von Mittelkalimantan mit beinahe 250 000 Einwohnern, das im Juli 2013 gefeiert wurde.

Das Tiwah ist eine Sekundärbestattung, die in Mittelkalimantan als letzter Teil einer dreistufigen Beerdigungspraxis gefeiert wird. Es ist ein Ritual der indigenen Bevölkerung Ngaju Dayak, das heute nur noch von Anhängern der Hindu Kaharingan-Religion durchgeführt wird. Christen und Muslime haben ihre eigenen Beerdigungsriten. Es handelt sich beim Tiwah um ein komplexes Ritual, bei dem die Knochen der Verstorbenen nach einer ersten Beisetzung und einer teilweise langen Zeitspanne wieder ausgegraben und nach verschiedenen Ritualen zur Überführung unterschiedlicher Seelenteile ins Jenseits ein zweites Mal beigesetzt werden. Das Tiwah zieht sich über mehrere Wochen hin und ist nicht nur ein religiöses, sondern auch ein soziales Ereignis. Erst durch diese Sekundärbestattung wird den Verstorbenen der Weg ins Jenseits ermöglicht. Zugleich können die Hinterbliebenen der Verstorbenen, für die ein Tiwah veranstaltet wird, erst durch ein Tiwah den Zustand der Unreinheit hinter sich lassen und wieder am normalen Leben teilhaben.

3. Das Totenritual Tiwah – ritualtheoretische Überlegungen

Die Auseinandersetzung mit Beerdigungsriten führt uns in den Forschungsbereich der gelebten Religion. Hier sind nicht Mythen, Dogmen, Gottesvorstellungen im Vordergrund, nicht die kognitive Auseinandersetzung mit einer Frage, sondern Glaubensaufführungen, durch die sich eine Religion auch ausdrückt, kommen prominent ins Blickfeld. Ein solches Religionsverständnis rückt die Praxis und die Handlungen ins Zentrum.[9] Religion manifestiert sich nicht nur auf der Textebene, sondern eben auch oder gerade durch Handlungen. Das Interesse bei Untersuchungen mit einem solchen Fokus liegt auf der Mikroebene. Das Alltägliche wird hier zum besonderen Forschungsinteresse.[10] Die Untersuchung von Ritualen ist für Forschungen dieser Art gut geeignet.

Was genau ein Ritual ist und was nicht, wird nicht einheitlich verstanden. Es liegen äusserst unterschiedliche Definitionen von Ritual vor.[11] Manche Ansätze gehen sogar so weit, dass sie Ritual mit Religion gleichsetzen bzw. das Ritual als

---

[9] Linda Woodhead benennt fünf mögliche Bereiche für Religionskonzepte: Religion als Kultur, als Identität, als Beziehung, als Praxis, als Macht; vgl. Linda Woodhead, Five Concepts of Religion, in: International Review of Sociology 21/1 (2011), 121–143; Religion als Praxis: 132–134.

[10] Vgl. beispielsweise Albrecht Grözinger, Gelebte Religion als Thema der Systematischen und Praktischen Theologie, in: Georg Pfleiderer/Albrecht Grözinger (Hg.), »Gelebte Religion« als Programmbegriff systematischer und praktischer Theologie, Zürich 2002, 13–21.

den Ursprung von Religion betrachten.[12] Die Fülle an Ritualtheorien wird von Catherine Bell, einer der wichtigsten Ritualforscherinnen unserer Zeit, besprochen. Sie zieht den Schluss, dass jede Theorie ihre Richtigkeit und Wichtigkeit hat und als Instrument gesehen werden kann, um ein bestimmtes Set an Aktivitäten zu analysieren und zu verstehen.[13]

Um ein Set an Aktivitäten rund um die Beerdigung zu analysieren und zu verstehen, verwende ich einen Ritualbegriff, der sich auf einen religiösen Kontext bezieht. Ich verstehe ein Ritual darüber hinaus als einen sozialen Prozess, als eine Abfolge von Handlungen, die zwar in der Alltagswelt verortet sind, aber keinem rationalen oder technologischen Zweck dienen. Das Ritual ermöglicht einen Übergang vom Alltäglichen in einen besonderen Zusammenhang. Damit wird auch eine Veränderung des Alltäglichen bewirkt. Das Ritual hält sich an vorgeschriebene Regeln und Ordnungen. Meine Untersuchungen des Tiwah und der Grabrenovation beziehen sich auf einen Ritualbegriff, der auf Forschungen von Robert Hertz[14], Arnold van Gennep[15] und Victor Turner[16] zurückgeht.

Beerdigungen sind äusserst komplexe Riten. Sie sind sogenannte Übergangsriten. Sie werden dazu veranstaltet, um den Übergang einer Person im Laufe ihres Lebens von einem sozialen Status in den nächsten zu begleiten. Sowohl das Tiwah als auch die Grabrenovation sind besondere Beerdigungsriten. Es handelt sich dabei um sogenannte Sekundärbestattungen. Laut Hertz sind Sekundärbestattungen durch zwei Komponenten bestimmt: Sie weisen erstens darauf hin, dass der Tod nicht mit einer einzigen Handlung allein abgeschlossen werden kann, es braucht eine mehrstufige Ritualabfolge dazu. Zweitens machen Sekundärbestattungen besonders deutlich, dass der Tod mehr als eine blosse Zerstörung oder eine Auflösung bedeutet. Er stellt vielmehr einen Übergang dar, der in mehreren Schritten begangen werden will.[17] Bereits van Gennep sah bei diesen Übergängen drei Phasen: Die Trennung, eine Schwellenphase und die Wieder-

[11] Für eine Übersicht verschiedener Definitionen siehe z. B. Bobby Alexander, Ritual and Current Studies of Ritual: Overview, in: Stephen D. Glazier (Hg.), Anthropology of Religion: A Handbook, Westport 1997, 139–160.
[12] Vgl. Roy A. Rappaport, Ritual and Religion in the Making of Humanity, Cambridge 1999.
[13] Vgl. Catherine M. Bell, Ritual. Perspectives and Dimensions, New York 1997, 88f.
[14] Robert Hertz, Death and the Right Hand, London 2004, 27–86. Dieser Essay wurde erstmals 1907 in der Zeitschrift Année Sociologique publiziert.
[15] Arnold van Gennep, Übergangsriten (les rites de passage), Frankfurt a. M. 2005. Das bis heute einflussreiche Werk entstand 1909.
[16] Victor Witter Turner, Vom Ritual zum Theater. Der Ernst des menschlichen Spiels, Frankfurt a. M. 1989.
[17] Vgl. Hertz, Death and the Right Hand, 48.

eingliederung in das normale Leben. Victor Turner gestaltet diese drei Phasen weiter aus und betont die Wichtigkeit und Symbolträchtigkeit der mittleren Phase. In dieser liminalen Schwellenphase werden die Personen, die zur Gemeinschaft gehören, zu einer egalitären Communitas. Die Personen, die einen Übergang zu vollziehen haben, sind liminale Personen, sie schweben in einer Art Zwischenzustand, sind weder Fisch noch Vogel. Sie befinden sich in einem besonderen Zustand des »*betwixt-and-between*«[18]. Die sonst geltenden Normen werden ausser Kraft gesetzt und neu verhandelt.

Das Tiwah fällt deutlich in die Kategorie der Übergangsrituale. Sowohl die egalitäre Communitas als auch der undefinierte Zustand der Toten spielen beim Tiwah eine wichtige Rolle. Die dramatische Dreiphasenstruktur des Übergangsrituals lässt sich am Tiwah gut ablesen. In der ersten Phase des Rituals, in der Phase der Trennung, werden Vorbereitungen getroffen, der Tiwah-Festplatz wird aufgerichtet, das Alltägliche wird vom Besonderen getrennt. Um den Tiwah-Festplatz wird ein Zaun errichtet. Es werden bestimmte Tabu-Regeln bekannt gegeben, die während des gesamten Tiwah einzuhalten sind. Die Gebeine der Verstorbenen werden ausgegraben. Die liminale Phase des Tiwah ist geprägt durch Gesänge und Opferhandlungen der Priester, der sogenannten *basir*. Dadurch wird den Toten der Übergang ins Jenseits ermöglicht. Die Hinterbliebenen und die Verstorbenen bilden in dieser Phase des Rituals eine egalitäre Gemeinschaft. Die letzte Phase des Rituals wird durch die endgültige Beisetzung der Verstorbenen in einem *sandung* markiert. Die Knochen, welche nach den Ritualen mehr sind als einfach nur Knochen, werden in liebevoller und fürsorglicher Weise in einem kleinen Haus aus Beton oder traditionellerweise aus Eisenholz abgelegt. Nach dieser Handlung wird die Festgemeinde durch verschiedene kleinere Rituale wieder auf den Alltag vorbereitet.

Inwieweit auch das Ritual der Grabrenovation mit den drei Phasen des Übergangsrituals gedeutet werden kann, muss offen bleiben. Meine eigenen Kenntnisse und direkten Beobachtungen reichen dazu noch nicht aus. Bislang kann ich nur sagen, dass die Communitas auch bei der Grabrenovation eine sehr zentrale Rolle spielt. Das gemeinsame Essen im Anschluss an die zweite Beisetzung der Gebeine scheint den Höhepunkt des Rituals zu bilden, ebenso scheint die Zusammenführung der Gebeine der verstorbenen Verwandten in einem einzigen Grab ein zentrales Ziel der Grabrenovation mit Knochenumbettung zu sein. Commu-

---

[18] Victor Witter Turner, The Forest of Symbols. Aspects of Ndembu Ritual, Ithaca 1967, 93–111.

nitas wird also nicht nur als Gemeinschaft unter Lebenden verstanden, sondern auch als eine Gemeinschaft unter Verstorbenen und schliesslich auch als eine Gemeinschaft zwischen den Hinterbliebenen und Verstorbenen, die für die begrenzte Zeit des Rituals wieder möglich wird. Ob die gesamte Grabrenovation mit der Dreiphasenstruktur des Übergangsrituals gelesen werden kann, ist mir noch nicht klar. Bislang scheint es so, als stelle die gesamte Grabrenovation eine liminale Phase dar.

Laut Victor Turner kann in der liminalen Phase eines Übergangsrituals Neues entstehen. Die Kultur zerlegt sich in dieser Phase des Rituals für kurze Zeit in ihre Einzelteile, und es kann in die Symbolisierung eingegriffen werden. Hier können kulturelle Veränderungen stattfinden. Interessanterweise wurden missionshistorische Fotografien vom Tiwah oft in dieser liminalen Phase des Rituals aufgenommen. Die darauf abgebildeten Personen befinden sich in einem besonderen Grenzzustand. Der Alltag und die Regeln sind für kurze Zeit ausser Kraft gesetzt. Weit mehr als ein Zufall wird es sein, dass die Fotografien genau in dieser Phase gemacht wurden. Einerseits zeugen sie davon, dass der Tod mehr ist als ein gefährlicher Übergang, andererseits sprechen sie davon, dass die liminale Phase eines Rituals für interkulturelle Begegnungen besonders zugänglich ist. Der Missionar und seine Kamera wurden mindestens geduldet, wenn nicht sogar in die Communitas integriert. In der liminalen Phase wird ja schliesslich das Gewohnte neu verortet, und einiges gerät durcheinander.

4. Das Tiwah in der Missionsgeschichte

Missionshistorisch betrachtet besteht über das Tiwah ein vielfältiger Diskurs. Es handelt sich dabei zwar um einen Diskurs auf dem Nebengeleise, einen Diskurs also, der nicht von führenden Stimmen geführt wurde und in einer ersten Durchsicht der missionshistorischen Quellen nicht ersichtlich ist. Es handelt sich um einen Diskurs, der den Missionar und die Missionarsfrau aus ihrer Wohlfühlzone herausführte. Um etwas dazu beizutragen, mussten sie ihre gewohnten Pfade verlassen, Begegnungen wagen und sich mit der indigenen Religion auseinandersetzen, von der sie die Bevölkerung ja weg und hin zum Christentum bekehren wollten. Der Tiwah-Diskurs wurde relativ einseitig von Stimmen aus Basel gestaltet, indigene Stimmen fehlten meist bzw. es sind keine Quellen dazu vorhanden. Ein weiteres Merkmal dieses Diskurses ist, dass Bilder eine herausragende

Rolle spielten für die Meinungsbildung über das Tiwah in Europa.[19] Durch diese Bilder in Publikationen der Basler Mission oder in Lichtbild-Vorträgen von heimgekehrten Missionaren entstand ein Imaginationsraum, der mit unterschiedlichen Phantasien gefüllt werden konnte. Diese Imaginationsräume hatten vor allem durch exotische Elemente aus den Missionsfeldern Erfolg und bildeten eine willkommene Abwechslung zum Alltag. Sie stellten einen Gegensatz zu den Erfahrungen der Menschen in Europa in der Zwischenkriegszeit dar, die von verschiedenen Bedrängnissen gekennzeichnet waren. Solche Bilder liessen die Menschen in eine andere Welt flüchten und viele ihrer Sorgen und Ängste vergessen. Gleichzeitig zementierten solche Bilder aber auch ein Überlegenheitsgefühl. Bilder von blutigen Riten, die von Wilden durchgeführt wurden, hatten die Funktion, dass man sich abgrenzen konnte: Das Fremde muss beherrscht und überwunden werden.[20]

Die missionarischen Beschreibungen und Einschätzungen eines Tiwah blieben im grossen Ganzen einseitig und verkürzt. Das war nicht anders zu erwarten. Dass Missionare lokale und indigene Riten und Traditionen geringschätzen, ist weithin bekannt. Dennoch würde eine solche Interpretation des Tiwah-Diskurses zu kurz greifen. Meine Analysen haben nämlich ergeben, dass trotz der allgemeinen negativen Einschätzungen des Tiwah an gewissen Stellen Feinheiten und Genauigkeiten in den Beschreibungen zu erkennen sind, neutrale Beschreibungen und Wertschätzungen einzelner Elemente, die doch überraschen. Dies findet dann übrigens auch wieder seinen Niederschlag in missionstheologischen Strömungen der 1930er-Jahre, die keinesfalls homogen waren.[21]

Missionare hielten in Texten oder Bildern Bauwerke, Ritualspezialisten, die Festgemeinde und Tieropfer fest. Ob diese vier Topoi wirklich die wichtigsten Elemente eines Tiwah darstellen, ist nicht klar. Vielmehr scheint es so, dass die Missionare selber diese Gewichtung vornahmen. Die festgehaltenen Topoi sagen eher etwas aus über die Haltung der Missionare gegenüber einem Tiwah und geben nicht unbedingt eine emische Perspektive auf das Tiwah wieder. Die Mis-

---

[19] Wer sich für eine detaillierte Auseinandersetzung mit dem missionshistorischen Tiwah-Diskurs interessiert, sei auf meine Dissertation verwiesen: Hoffmann, Fremdbegegnung.

[20] Vgl. zum Begriff Imaginationsraum die Erkenntnisse, die Linda Ratschiller über die Missionsausstellungen der Basler Mission zusammengetragen hat. Linda Ratschiller, »Die Zauberei spielt in Kamerun eine böse Rolle!« Die ethnografischen Ausstellungen der Basler Mission (1908–1912), in: Rebekka Habermas/ Richard Hölzl (Hg.), Mission global. Eine Verflechtungsgeschichte seit dem 19. Jahrhundert, Köln 2014, 241–264.

[21] Weitere Ausführungen zu den missionstheologischen Strömungen der 1930er-Jahre finden sich in Hoffmann, Fremdbegegnung, 270–300.

sionare waren von den Ritualspezialisten und den sorgfältig angefertigten Bauten meistens beeindruckt, nicht selten wurden sie bewundert. In dieser wertschätzenden Weise fanden diese beiden Topoi auch Eingang in die Missionsberichte und -fotografien. Die ausgelassene Festgemeinde, aber vor allem die blutigen Tieropfer riefen demgegenüber eine ablehnende und teilweise verabscheuende Reaktion bei vielen Missionaren hervor. Auch das ist in der Missionsliteratur deutlich zu erkennen. Die Beschreibungen eines Tiwah zeugen aber nicht nur von Wertschätzung und Ablehnung, sondern auch von einem differenzierten Verstehen eines Tiwah, bzw. von dem Bemühen um ein differenziertes Verstehen. Einige Missionare und Missionarsfrauen arbeiteten mit der Hilfe von indigenen Kulturvermittlern und -vermittlerinnen, die ihnen einzelne Elemente des Tiwah und der Seelenvorstellung der traditionellen Religion erklärten. So konnte beispielsweise die Missionarsfrau Rosa Kühnle-Degeler durch ihre Informantin Tambi Willem zu detaillierten Beschreibungen über einen Holzschnitzer beim Tiwah und dessen Lohn und über den Tanz *kanjan* kommen.[22] Diese indigenen Stimmen zum Tiwah waren aber immer christlich gefärbt, die Informanten waren zum Zeitpunkt der Wissenstradierung bereits bekehrte Christen.

Das Tiwah wurde von Missionaren und Missionarsfrauen als ein umfassendes Ritual mit vielen einzelnen Elementen wahrgenommen, die in einer geregelten Abfolge aufeinander bezogen sind. Zumindest zwei der missionarischen Topoi – die Opferthematik und der Gabentausch, den die Festgemeinde vollzieht, – wurden in soziologischer, religionsethnologischer und theologischer Forschung in den folgenden Jahrzehnten breit bearbeitet. Dies macht deutlich, dass Missionare bereits sehr früh an Fragen und Themen interessiert waren, die später in der religionsbezogenen Forschung debattiert wurden.[23]

---

[22] Rosa Kühnle-Degeler, Salamat. Eine Kopfjägerstochter aus Borneo erzählt aus ihrem Leben, Stuttgart 1932, 47f. Rosa Kühnle-Degeler war von 1921–1938 in Borneo auf der Station Mengkatip. Ihr Mann trägt die Nummer 1819 im Brüderverzeichnis der Basler Mission. Missionarsehefrauen sind nur über ihre Ehemänner zu finden, sie erhielten keine eigene Nummer.
[23] Vgl. zum Gabentausch die grundlegende Arbeit von Marcel Mauss, Die Gabe. Form und Funktion des Austauschs in archaischen Gesellschaften, Frankfurt a. M. 2011 (Erstausgabe 1923, in: Année Sociologique). Für die theologische Auseinandersetzung mit Opferriten ist massgeblich René Girard, Le bouc émissaire, Paris 1982.

5. Kontextuell-theologische Überlegungen zum Tiwah

Erste kontextuell-theologische Überlegungen fanden in Missionskreisen bereits in den 1930er-Jahren statt, lange bevor der Begriff mit dem Ende der Kolonialzeit in den 1960er-Jahren als ein Neuanfang des Theologisierens Fahrt aufnahm. Solche kontextuell-theologischen Überlegungen in Missionskreisen entstanden in verschiedenen Missionsgebieten durch Fragen zur Verchristlichung von traditionellen Festen. Im Missionsgebiet Südborneo fanden diese Diskussionen auf Missionarskonferenzen statt und drehten sich vor allem um das Thema der Hochzeit und um Riten in Bezug auf das Pflanzen und Ernten.[24] Fragen in Bezug auf eine Verchristlichung der traditionellen Beerdigungspraktiken wurden früher nicht oder nur am Rande diskutiert. Sie finden auch heute keinen prominenten Eingang in kirchliche Kreise. Hier scheint die Kirche in Kalimantan deutlich eine Chance zu verpassen; gerade mit Blick auf die Zukunft, in der auch der Bevölkerung in Mittelkalimantan eine zunehmende Säkularisierung droht. Die Erfahrung aus säkularisierten Gesellschaften zeigt, dass es gerade Beerdigungs-Rituale sind, die nach wie vor als wichtige Rituale angesehen werden, sie werden »das Herzstück gegenwärtiger Kasualpraxis« genannt.[25] Die Kirche würde also gut daran tun, diesbezüglich mehr Klarheit zu schaffen, um ihren Mitgliedern für sie stimmige Rituale anbieten zu können.

Doch wie sollen diese Rituale aussehen? In der Auseinandersetzung mit dem Tiwah und der Grabrenovation sind zwei Aspekte der traditionellen Beerdigungspraxis immer wieder deutlich hervorgetreten: Erstens die enge Verbindung, die die Hinterbliebenen über den Tod hinaus zu ihren verstorbenen Verwandten pflegen, und zweitens der soziale Aspekt der Riten. Diesen beiden Aspekten hat eine kontextuelle Beerdigungspraxis meiner Meinung nach Rechnung zu tragen.

Den sozialen Aspekt der traditionellen Beerdigungsriten in die christliche Beerdigungspraxis zu integrieren, scheint dabei einfacher zu sein. Bereits heute findet er Ausdruck darin, dass zu Beerdigungen die Familie von nah und fern anreist und dass alle Gebete und Rituale mit einem gemeinsamen Essen beschlossen werden. Durch welche Elemente kann die Evangelische Kirche in Ka-

---

[24] Vgl. Konferenzen Borneo, Protokoll der Generalkonferenz in Bandjermasin, 1.–5. 3. 1933, 43 S. (BMA b-2,1), 23.

[25] Kristian Fechtner, Dem Tod begegnen. Praktisch-theologische Erwägungen zur spätmodernen Bestattungskultur, in: http://www.pfarrerverband.de/pfarrerblatt/archiv.php?a=show&id=977 (23. 12. 2018).

limantan aber der engen Verbindung zu den Toten Ausdruck geben? Durch eine längere Zeitspanne des Trauerns? Bereits heute finden vor und nach der Beisetzung mehrere Trauer- und Trostgottesdienste im Hause der Verstorbenen statt. Reicht das aus? Oder wird der Verbindung zu den Toten erst durch eine Zweitbestattung mit Knochenumbettung Rechnung getragen? Inwiefern entsprechen oder widersprechen solche Praktiken christlichen Dogmen? Darüber herrscht in Kirchgemeinden und unter Pfarrpersonen grosse Uneinigkeit. Befürworter einer Zweitbestattung ziehen biblische Begründungen herbei, wie beispielsweise den Hinweis auf eine Knochenumbettung von Joseph im Alten Testament (Ex. 13,19). Gegner betonen, dass Christen nach dem Tod direkt zu Gott kommen, allein durch ihren Glauben erlangen sie Eingang ins Himmelreich. Eine komplizierte, mehrstufige Ritualpraxis widerspreche einem solchen Glauben. Eine Lösung ist noch nicht in Sicht. Bisweilen wird hier und da in abgelegenen Gemeinden die Grabrenovation mit Knochenumbettung durchgeführt. Pfarrpersonen sollten dort mit dabei sein und das Geschehen nicht nur seelsorgerlich begleiten, sondern auch die Gelegenheit dazu nutzen, mit den Menschen über ihren Glauben ins Gespräch zu kommen. Was bedeutet für sie das Ritual der Knochenumbettung? Wie stellen sie sich den Übergang ins Himmelreich und das ewige Leben vor? Was lehrt die Bibel?

Am Beispiel des Tiwah und der Grabrenovation lässt sich darüber hinaus zeigen, dass sich rund um die Verwendung traditioneller Elemente interreligiöse Konflikte entwickeln können. Während meiner letzten Reise nach Kalimantan im November 2018 wurde mir deutlich, dass Vertreter und Vertreterinnen der traditionellen Religion, die seit 1980 als *Agama Hindu Kaharingan* als institutionalisierte Form von Religion anerkannt ist, sich als alleinige Hüter der Kultur empfinden.[26] In ihren Augen haben sie jahrzehntelang ihre Religion, die kulturellen Praktiken, die Riten, Musik, Kunst und Architektur bewahrt, während Christen und Christinnen sich überhaupt nicht darum gekümmert haben, ja mehr noch, ihre Kultur abgelegt, teilweise sogar verteufelt haben.[27] Eine grosse Wut und Enttäuschung darüber ist deutlich spürbar. Die Dayak-Kultur wird als im Besitz der Kaharingan-Religion verstanden, von der Anhänger des Christentums

---

[26] Für weiterführende Informationen zur Religionspolitik in Indonesien und Pancasila siehe Edith Franke, Einheit in Vielfalt. Strukturen, Bedingungen und Alltag religiöser Pluralität in Indonesien, Wiesbaden 2012, 110–130.
[27] Aussprache mit Vertretern und Vertreterinnen der jüngeren Generation der *Agama Hindu Kaharingan* am 8. 11. 2018, Palangkaraya.

nichts »stehlen« dürfen. Innerchristliche Diskussionen und Schwierigkeiten, die sich im Rahmen einer Kontextualisierung der Beerdigungspraxis ergeben, werden hier also zusätzlich erschwert durch das starke Gegenüber der Kaharingan-Religion, die sich selber als alleinige Hüterin und Bewahrerin der Kultur empfindet. Wer kulturelle Praktiken anwenden will, soll in den Schoss der Kaharingan-Religion zurückkehren. Elemente rund um das Tiwah sind dabei besonders sensible Elemente. Das Tiwah wird in seiner Gesamtheit als sakrales Ritual verstanden, dem nichts hinzugefügt oder weggenommen werden darf. Christen, die tiwah-ähnliche Handlungen durchführen, werden als Verräter betrachtet. Dialog zwischen den Institutionen ist nötig, damit auf der Graswurzel-Ebene kein Konflikt entsteht.

(Dr. Claudia Hoffmann ist Postdoc-Assistentin am Lehrstuhl für Aussereuropäisches Christentum an der Theologischen Fakultät der Universität Basel)

ABSTRACT

This article deals with funeral rites on the island of central Kalimantan in Indonesia. A special development in the funeral practice of the Evangelical Church in Kalimantan (Gereja Evangelis Kalimantan, GKE) is presented: the so-called grave renovation *pemugaran kuburan*. This more recent ritual can be called a Christian secondary burial that is contested by two sides. On the one hand by the Evangelical Church itself, and on the other hand by sides of the traditional religion *Agama Hindu Kaharingan*. This article situates the ritual *pemugaran kuburan* in the context of central Kalimantan by locating its roots in the traditional death ritual Tiwah. Furthermore, the article shows how the death ritual Tiwah should be understood ritual-theoretically and mission-historically.

Der interreligiöse Dienst »Oči u oči« und der interreligiöse Chor »Pontanima«: eine Brücke zwischen Kunst und Spiritualität in Bosnien und Herzegowina

Marijan Orsolic

Nach den traumatischen Zerstörungen während des Krieges in Bosnien-Herzegowina in den 1990er Jahren und der folgenden Abkühlung der interethnischen und interreligiösen Beziehungen, kam durch die Vermittlung der Vereinigten Staaten ein Scheinfriede zustande, unter dessen Deckmantel sich jedoch ein latenter Krieg zwischen Kroaten, Serben und Bosniaken in den Bereichen der Politik, Ausbildung, Historiografie, Kultur usw. fortgesetzt hat. Allerdings entstanden trotz dieses latenten Kriegs auf Initiative der Zivilgesellschaft und mutiger Einzelpersonen interreligiös geprägte NGOs, kleine Leuchtfeuer in den dunklen Kriegs- und Nachkriegsjahren, die auf unterschiedliche Weisen das Potential der Religion für die Erneuerung der zerbrochenen Verbindungen in der Gesellschaft zu nutzen versuchen.[1] Der NGO-Sektor in Bosnien-Herzegowina umfasst heute eine Vielfalt von religiösen und (inter)religiös geprägten Vereinigungen, die manchmal direkt von den Bürgern, manchmal von internationalen oder ausländischen NGOs, manchmal von einheimischen religiösen Institutionen gegründet wurden.[2]

Die (inter)religiös geprägten NGOs sind in einer Reihe von Aktivitäten tätig, einschließlich der Förderung des interreligiösen Dialogs, der Förderung des

---

[1] Vgl. Ina Merdjanova und Patrice Brodeur: Religion as a Conversation Starter. Interreligious Dialogue for Peacebuilding in the Balkans, Continuum International Publishing Group, New York 2009, 3
[2] Vgl. Mojca Leban: Faith-Based NGOs in Bosnia and Herzegovina, in: The International Journal of Not-for-Profit Law, Band 6, Ausgabe 1, International Center of Not-for-Profit Law, September 2003, online: http://www.icnl.org/research/journal/vol6iss1/special_4.htm, letzter Zugriff am 16.1.2019

langfristigen Wiederaufbaus und der nachhaltigen Entwicklung. Alle diese NGOs sind auch sehr unterschiedlich hinsichtlich der Formen und Grade religiöser Zugehörigkeit, Methoden und Ziele. Einige von ihnen haben globale Reichweite, langjährige Erfahrung, erhebliche materielle Ressourcen und etablierte institutionelle Strukturen. Andere sind viel kleiner und jünger und versuchen erst ihre Arbeitsweise zu definieren. Diejenigen NGOs mit weniger Ressourcen und weniger organisatorischer Erfahrung können dennoch andere äußerst wertvolle Vorteile bergen, wie intensive Verbindungen zu lokalen Akteuren, regionale Glaubwürdigkeit und Vertrauen. Einige (inter)religiös geprägte NGOs versuchen, kurzfristige humanitäre Hilfe zu leisten, während andere ein langfristiges Engagement durch die Bildung vorsehen. Während einige Organisationen den Bedürftigen helfen wollen, versuchen andere, die Agenten des sozialen Wandels zu stärken und den interreligiösen Dialog voranzubringen.

Wie das breite Spektrum von Initiativen zeigt, sind die (inter)religiös geprägten NGOs in BuH wichtige Akteure im Blick auf die Entwicklung der Zivilgesellschaft. Viele dieser NGOs haben entscheidend zum Aufbau von Beziehungen beigetragen, die für die Versöhnungsarbeit unverzichtbar sind. Ihre Projekte sind äußerst vielfältig und umfassen Suppenküchen, gemeinsame öffentliche Aussagen, Schulräte und Chöre – doch allen geht es darum, Versöhnung und interreligiösen Dialog in BuH zu fördern.

In diesem Artikel möchte ich eine von diesen interreligiös geprägten NGOs vorstellen, nämlich den interreligiösen Dienst »Face to Face« und das wichtigste Projekt dieser NGO, den interreligiösen Chor »Pontanima«.

1. Der Krieg in Bosnien-Herzegowina (1992–1995)

Da die Entstehung und Wirkung des interreligiösen Chors »Pontanima« und überhaupt interreligiöse Kommunikation in Bosnien-Herzegowina durch traumatische Kriegsereignisse und -Folgen in den 1990er Jahren wesentlich bedingt sind, möchte ich zuerst den LeserInnen ein paar Erläuterungen zu den ethnoreligiösen Konflikten in Bosnien-Herzegowina anbieten.

Nach dem Fall des Kommunismus wurden 1990 die ersten mehrparteilichen Wahlen in Jugoslawien abgehalten. In Bosnien-Herzegowina (weiter im Text: B&H) haben drei Nationalparteien – Bosniak-muslimische Partei der demokratischen Aktion (SDA), Serbische Demokratische Partei (SDS) und Kroatische

Demokratische Union (HDZ) – gesiegt[3]. Nachdem sich einerseits Bosniaken und Kroaten am Referendum über die Unabhängigkeit B&H-s (1.3.1992) für das »souveräne und unabhängige B&H« äußerten und andererseits die Serben die »serbische Republik in B&H« proklamierten (9.1.1992), hat die Armee der bosnischen Serben den Krieg begonnen und in einigen Monaten 70% B&H-Territorium erobert. Auch die kroatische HDZ, mit ihrer Militärstruktur HVO (Kroatischer Verteidigungsrat), war am Anschluss eines Teils Herzegowinas an Kroatien interessiert, was 1993 zur Eskalation des Konflikts mit den Bosniaken führte, mit denen die Kroaten durchgemischt in mehreren bosnisch-herzegowinischen Städten lebten. Schließlich wünschten sich auch die bosniak-muslimischen Politiker B&H als ihren Nationalstaat und sahen die Bosniaken als Grundvolk, wobei die Serben und Kroaten als Zuwanderer gesehen wurden, denen historisch und politisch nicht die gleichen Rechte zustünden. Die Armee der Republik B&H transformierte sich langsam in eine ethnisch reine, ausschließlich bosniak-muslimische Armee, die auch für eine Ausweitung des Territoriums kämpfte. Der Konflikt zwischen Bosniaken und Kroaten endete mit dem Washingtoner Abkommen (18.3.1994).[4] Die bosnisch-herzegowinische Krise erreichte den Höhepunkt im Sommer 1995, als die Armee der bosnischen Serben ein systematisches Massaker an einer riesigen Zahl von Einwohnern und Flüchtlingen aus Srebrenica verübten. Diese Katastrophe veranlasste die NATO-Intervention, und auf amerikanische politische Initiative wurde am 14.12.1995 das Dayton-Abkommen zur Beendigung des Krieges unterschrieben.[5] Der Hauptfaktor der politischen Desintegration und das alles bestimmende Element im Land bleibt bis heutzutage der ethnoreligiöse Nationalismus, der in B&H entweder als partikularistisch (serbische und kroatische Ethnopolitik) oder als integralistisch (bosniakische Ethnopolitik) erscheint.

---

[3] Drei Nationalparteien haben fast exakt nach dem Bevölkerungsschlüssel gesiegt, so dass das Scherzwort umging, dort habe es sich nicht um Wahlen, sondern um eine Volkszählung gehandelt. Vgl. Thomas Bremer: Kleine Geschichte der Religionen in Jugoslawien. Königreich – Kommunismus – Krieg, Freiburg im Bresgau 2003, 86

[4] Vgl. Ivan Lovrenović: Unutarnja zemlja. Kratki pregled kulturne povijesti Bosne i Hercegovine, Zagreb-Sarajevo, 2010, 249ff; 262

[5] Dieses ausführliche Dokument bestätigt die staatsrechtliche Kontinuität B&H-s in seinen international anerkannten Grenzen, aber mit innerer Teilung auf zwei Entitäten, Föderation B&H und Republik Srpska in territorialer Verhältniszahl 51:49%. Die Föderation B&H und die Republik Srpska tragen nach dem Dayton-Abkommen viele Züge der staatlichen Autonomie, haben aber keinen völkerrechtlichen Status; den haben nur die gemeinsamen staatlichen Institutionen: Das Präsidium mit drei Mitgliedern, der Ministerrat mit Regierungsfunktion, die Volksversammlung und die Zentralbank mit gemeinsamer Währung.

1.1 Die Religionsgemeinschaften und der Krieg in Bosnien-Herzegowina (1992–1995)

Aufgrund der spezifischen geschichtlichen Umstände hatte sich in B&H eben die Religion als entscheidender Faktor der Identität der Gesellschaft und der herrschenden ethnischen Gruppen (Kroaten, Serben und Bosniaken) profiliert. Die Nationen in B&H entstanden auf der Basis der vormodernen religiösen Kollektive.[6] Im Krieg in den 1990er Jahren wurde Religion als Mittel der Mobilisierung der Ethnien missbraucht. Obwohl heute die Religionsoberhäupter in B&H bestreiten, dass die Religionen den Krieg beeinflussten, trugen doch einige Religionsoberhäupter (zusammen mit nationalistischen Politikern) die Mitverantwortung für die Mobilisation der radikalen nationalistischen Gefühle in B&H während der frühen 1990er Jahre. Alle drei *führenden* Konfessionen in B&H unterstützten von Anfang an die Gründung der nationalen Parteien[7], deren Hauptziel die Schaffung national und konfessionell homogenen Bereiche oder Staaten war, was im Krieg zu »ethnischen Säuberungen« führte. Im Geist des Neokonstantinismus verhalten sich alle größeren B&H-Religionsgemeinschaften wie Stellvertreterinnen der national-politischen Interessen, wobei sie oft ethisch insensibel gegenüber den ethnisch und religiös *anderen* bleiben.

2. Der interreligiöse Dienst »Oči u oči«

Die Geschichte des Interreligiösen Dienstes «Oči u oči" ist untrennbar mit der Geschichte ihres Leiters, des Franziskaners Ivo Marković, verbunden. Dieser wurde 1950 in Šušanj, in den Gebirgen Zentralbosniens, nicht weit von der Stadt Zenica geboren. In den späten 1930er Jahren hatte sein Großvater Widerstand gegenüber der Ustascha-Bewegung in den kroatischen Gemeinden geleistet, später in den 1940ern war er wegen seiner Ablehnung des kommunistischen Regimes schikaniert worden. Seit den 1980ern ist Ivo Marković Professor für Pasto-

---

[6] Vgl. Miljenko Jergović und Ivan Lovrenović: Bosna i Hercegovina. Budućnost nezavršenog rata, Zagreb, Novi Liber 2010, 91; Ivan Cvitković: Hrvatski identitet u Bosni i Hercegovini, Zagreb-Sarajewo 2006, 76
[7] Vgl. Thomas Bremer, a.a.O., 89; Das wurde sichtbar bei politischen Versammlungen und offenen Aufrufen gegenüber dem Volk (den Gläubigen), »ihrer« ethnischen Partei Stimmen zu geben. Es wurde üblich, dass die Vertreter der ethnischen Parteien Ansprachen bei religiösen Versammlungen hielten. Vgl. Ivan Cvitković: Konfesija u ratu, Svjetlo riječi, Sarajevo-Zagreb 2004, (2004), 141; 178; Ivan Cvitković (2006), 50; 55

raltheologie an der Franziskanischen Theologischen Fakultät in Sarajewo. Am Anfang des Krieges war der Stadtteil in Sarajewo, wo sich die Franziskanische Theologische Fakultät befindet, von den serbischen paramilitärischen Kräften erobert und Fr. Ivo gefangen genommen worden.

Als 1993 der Konflikt zwischen Bosniaken/Muslimen und Kroaten/Katholiken begann, engagierte sich Marković für eine Deeskalation des Konflikts, indem er sprichwörtlich »die Menschen aus den Schanzen jagte, damit sie miteinander sprechen, um den Kampf zu verhindern«[8]. Bereits zuvor, 1992, war er von den Franziskanern in Zagreb gerufen worden, um dort für das »Christian Information Service« zu arbeiten. Dieser Organisation ging es darum, die Außenwelt mit unverfälschten Informationen über den Krieg in BuH zu versorgen. Als er 1993 erfuhr, dass sein Vater und viele Mitglieder seiner Familie in einer Offensive der bosnischen Armee um Zenica getötet und sein Dorf und seine Pfarre zerstört worden waren[9], zweifelte er zunächst an seiner Versöhnungsarbeit. Doch nach einer Zeit der Krise fand er die geistliche Kraft, darauf nicht mit Aggression und Rache, sondern mit Glauben und Versöhnung zu antworten. Sobald er Gelegenheit dazu bekam, ging er nach Zenica, in sein (ehemaliges) Familienhaus, wo inzwischen schon muslimische Flüchtlinge aus anderen Teilen des Landes lebten. Diese waren zunächst schockiert, als er ihnen sagte, dass er in diesem Haus aufgewachsen sei, doch indem er mit ihnen redete, änderte er ihre Vorurteile gegenüber den Kroaten. Seitdem besucht er sie regelmäßig.[10]

Vor dem Hintergrund seiner persönlichen leidvollen Kriegserfahrung begann Fr. Ivo Marković in Sarajewo nach Wegen der Versöhnung im entzweiten Bosnien zu suchen. Dazu gründete er zunächst 1996 die NGO »Interreligiöser Dienst Oči u Oči (Face to Face)« als einen unabhängigen Zweig des »Rates für Gerechtigkeit, Frieden und Bewahrung der Schöpfung« der Franziskanerprovinz Bosna Srebrena: da die Zivilgesellschaft in BuH damals sehr schwach entwickelt war,

---

[8] Conrad Keziah: Ivo Markovic. A priest and scholar, founder of the interfaith Pontanima choir in Sarajevo, März 2007, online: http://www.beyondintractability.org/profile/ivo-markovic, letzter Zugriff am 16.1.2019

[9] In Markovićs Geburtsdorf haben Bosniaken-Muslime 21 Männer niedergemacht, davon 9 Mitglieder seiner Familie – alle älteren Einwohner: sein 71jähriger Vater war der Jüngste von ihnen. Vgl. Philip Yancey: »Don't Cry For Me, Sarajevo«, 2.XI.2012, online: http://www.philipyancey.com/archives/3521; Vgl. Miroslav Volf: Free of Charge. Giving and Forgiving in a Culture Stripped of Grace, Grand Rapids, Zondervan, 2005

[10] Im Haus seines Bruders lebte jetzt eine alte Frau, die ihn mit einer Schrotflinte empfangen hatte, aber am Ende tranken sie zusammen Kaffee. Später sagte sie ihm, sie sei glücklicher, wenn er sie besuchen komme, als wenn ihr eigener Sohn sie besucht hätte, der im Lauf des Krieges verschwunden war. Vgl. Keziah, a.a.O.

war die Verbundenheit mit den Franziskanern leistungsstärker. Seit 2007 ist der Interreligiöse Dienst »Face to Face« als unabhängige Nichtregierungsorganisation registriert.[11] Der Name bezieht sich auf den Versuch, »Augenkontakt« (»oči u oči«) mit anderen Menschen, Kulturen und Religionen zu halten, einander auf der Augenhöhe zu begegnen, und damit die gesunden und friedlichen Aspekte der Religion zu fördern.

Der Interreligiöse Dienst ist mit Hilfe des Canterbury Bistums entstanden. Die Arbeit des Dienstes geht aus der Erfahrung, theologischen Orientierung und den Interessen seines Gründers Fr. Ivo Marković hervor, und sein Fokus war die Arbeit auf der grassroots-Ebene, besonders zugunsten der Erstarkung von kleineren NGOs und der Frauen, sowie Umweltschutz und Kunst (Malerei, Architektur, Musik) im Feld des interreligiösen Dialogs, ferner die Beratung ausländischer NGOs. Es scheint, dass die Arbeit von dem Interreligiösen Dienst »Face to Face« jedoch nur wenig von den Religionsoberhäuptern unterstützt wird: Niemals würden sie den Interreligiösen Dienst offiziell unterstützen und derzeit ist seiner Arbeit sogar auch die Führung der Franziskanerprovinz Bosna Srebrena abgeneigt, der Provinz, in deren Rahmen Pontanima ursprünglich entstanden ist.

1996 entstanden als ein Projekt des Dienstes »Face to Face« der Chor und das Kammerorchester »Pontanima«, eines der interessantesten Musikprojekte weltweit. Dieses Projekt möchte ich in diesem Artikel noch näher vorstellen.

Pontanima, obwohl das bekannteste, ist doch nicht das einzige Projekt des Interreligiösen Dienstes »Face to Face«. Seit 1998 gibt es auch mindestens zweimal pro Jahr »Interreligiöse und Ökumenische Begegnungen«, welche die lokalen Religionsoberhäupter zu einem gemeinsamen Gebet zusammenbringen, und die normalerweise in der Franziskanerkirche und dem Kloster St. Anton in Sarajewo stattfinden. Diese Begegnungen sind gut besucht und wecken auch die Aufmerksamkeit der Medien, sie fördern symbolisch den interreligiösen Dialog und die Mitarbeit an einem allgemeinen Klima des Vertrauens und der Zusammenarbeit. Ein regelmäßiges »*Ökumenisches Gebet*« findet im Jänner statt, um auf die Gebetswoche für die Einheit der Christen hinzuweisen. Inspiriert vom Assisi-Treffen 1986, veranstalten »Face to Face« und die Franziskanische Komission für Gerechtigkeit, Frieden und Ökologie gemeinsam mit den Vertretern von lokalen jüdischen, orthodoxen, katholischen, baptistischen, adventistischen und

---

[11] Ivo Marković: The Use of Art in Social Change. Reconciliation through Symphony of Religions. Case Study of the Choir Pontanima, in: Voices of Harmony and Dissent: Lessons from the Canadian School of Peacebuilding, Winnipeg 2015

evangelischen Gemeinden, sowie mit dem Satya Sai Zentrum Sarajewo und der Internationalen Gesellschaft für Krishna-Bewusstsein (ISKCON) jährliche »Interreligiöse Begegnungen für Versöhnung und Frieden« Ende Oktober. Ein anderer Aspekt der Aktivitäten von »Face to Face« ist die Arbeit mit Frauen. Im Rahmen des Projektes »Frau in der Theologie und im interreligiösen Dialog« fördert »Face to Face« in Kooperation mit lokalen Gruppen und NGOs eine bessere Positionierung der Frauen in der Gesellschaft. 2006 hat »Face to Face« eine Anschubfinanzierung für ein Projekt zur Förderung jener Frauen bekommen, die Religionspädagogik oder Theologie studieren, sowie für den Aufbau eines Kaders von religiösen Führungskräften mit Erfahrung in der Friedensarbeit an der Basis.

Ein anderes Projekt sind die »Führungen für Kinder«, ein einfaches Projekt, in dem »Face to Face« Kindern die reiche multireligiöse Umwelt, die sie umgibt, vorstellt. Die Kindergruppen aus den umliegenden Regionen, begleitet von ihren lokalen Religionsoberhäuptern, besuchen Sarajewo und seine wichtigsten religiösen und kulturellen Gebäude. Mehr als 1000 Kinder haben an diesem Projekt bis heute teilgenommen.[12]

Ein weiteres Projekt ist »Die Interreligiöse Bibliothek der Bücher und Musik«. Die Bibliothek beinhaltet ca. 1000 Bücher über Weltreligionen, Glaube, Philosophie, Gewaltfreiheit, Friedensstiftung und interreligiösen Dialog, verfügbar in lokalen Sprachen, in Englisch und Deutsch, sowie ca. 1000 Musik-CDs, mit einem speziellen Fokus auf Chormusik in verschiedenen religiösen Traditionen.[13]

---

[12] Vgl. Ina Merdjanov, Patrice Brodeur, a.a.O., 102
[13] »Face to Face« wird von der englischen Erzdiözese Canterbury (ihr Abgesandter in BuH war der anglikanische Franziskaner Fr. Thomas Anthony), dem »Mennonite Central Committee« aus den USA und Kanada (ihre Abgesandten in BuH waren Amy Gopp, Karen und John Wall, und Keziah Conrad), einer Gruppe von privaten deutschen Spendern, der Anglikanischen Kirche des Vereinigten Königreichs und ausländischen Botschaften in Sarajewo finanziell unterstützt. Ständige finanzielle Unterstützung der Projekte des Interreligiösen Dienstes gaben die Stadt Sarajewo und die Ministerien für Sport und Kultur des Sarajewo-Kantons und der Föderation B&H. Vgl. Branka Peuraca: Can Faith-Based NGOs Advance Interfaith Reconciliation? The Case of Bosnia and Herzegovina, United States Institute of Peace, Washington 2003, online: http://www.usip.org/, letzter Zugriff am 20.4.2015, 10f.

3. Das Projekt »Pontanima«. Brücke der Seelen, Brücke zwischen Kunst und Spiritualität[14]

Bei dem Versuch, einen Chor zusammenzustellen, der bei den Gottesdiensten in der St. Antonius Kirche in Sarajewo singen würde, trafen Markovic und der junge Dirigent Josip Katavić 1996 eine kritische Entscheidung: da es nicht genug katholische Sänger gab, würden sie auch Andersgläubige in den Chor einladen, orthodoxe Christen, Muslime, Juden und Atheisten. Den Namen »Pontanima« hat ein Mitbruder von Ivo Marković, Fr. Vitomir Slugić, kreiert. Er stellt eine Kombination der lateinischen Wörter pons (Brücke) und anima (Seele) dar.[15] Der Interreligiöse Dienst hat auch kürzlich seinen Namen zu »Pontanima der Spiritualität der Kultur« (»Pontanima duhovnosti i kulture«) geändert.

3.1 Theoretische Grundlagen des Projektes »Pontanima«

Laut Fr. Ivo Markovic war die Orientierung des Interreligiösen Dienstes immer, auf der Basisebene zu arbeiten. Fr. Ivo versteht die Pastoral als einen komplexen Prozess mit mehreren vernetzten Ebenen, von denen eine auch die Kunst ist.

Das Projekt »Pontanima« nutzt bewusst die transformative Kraft der Musik sowohl im Blick auf die persönliche als auch auf die gesellschaftliche Veränderung.[16] Die Kunst hat einen wichtigen Platz innerhalb von Spiritualität. Fr. Ivo erforscht die Wirkung der Musik des interreligiösen Chors, indem er sich mit

---

[14] Im Gespräch mit dem Gründer von »Pontanima« Ivo Marković hat dieser mehrmals auf seinen Artikel mit dem Titel »Umjetnost u društvenoj promjeni – Pomirenje simfonijom religija zbora Pontanima« (Die Kunst in der gesellschaftlichen Veränderung – Versöhnung durch die Symphonie der Religionen des Chors Pontanimas) hingewiesen. Der folgende Abschnitt über das Projekt »Pontanima« beruft sich oft auf diesen Artikel. Diesen Text kann man auch in englischer Version finden, unter dem Titel »The Use of Art in Social Change. Reconciliation through Symphony of Religions. Case Study of the Choir Pontanima«, in dem Buch: Voices of Harmony and Dissent: Lessons from the Canadian School of Peacebuilding, Winnipeg 2015, Kanada.

[15] Vgl. Keziah, a.a.O. (2007).

[16] Vgl. Anja Baumgart-Pietsch: Musik als Friedensarbeit, in Wiesbadener Kurier, 26. VIII. 2013, 20; Fr. Ivo beschreibt, wie man das Potenzial der Kunst auch für negative Zwecke benutzen kann, und wie man eben das im Balkankrieg in den 1990er Jahren gemacht hat. Damals spielte die Kunst eine wesentliche Rolle in der »Mobilisierung und Kriegsvorbereitung«. Am Anfang des Krieges thematisierte die Kunst die Werte der eigenen Gemeinschaft und stärkte die Gruppenidentität (z.B. patriotische Lieder), aber mit der Eskalation des Konfliktes und mit dem Anwachsen der Angst beschäftigte sich die Kunst mehr und mehr mit den Feinden (z.B. in Liedern, die den Feind auslachen und verhöhnen). Nach dem Krieg und bis herauf in die Gegenwart gibt es auf dem Balkan noch immer mehrere Künstler, die angeblich über Heimatliebe und Liebe zu Gott singen (und deswegen sehr populär in den Religionsgemeinschaften

dem Verfremdungseffekt (V-Effekt) von Berthold Brecht, der Theorie des Spiels von Johan Huizinga und der Kunsttheorie von Hans-Georg Gadamer beschäftigt. Für Fr. Ivo hat die Kunst damit nicht nur eine ästhetische Funktion, sondern sie regt zu gesellschaftlichen Veränderungen an.

Wichtig für ihn ist die Kunsttechnik V-Effekt von Berthold Brecht (1898–1956), die den Menschen aus der Denkfaulheit und aus ideologischen Stereotypen – die die menschliche Existenz reduzieren und degradieren – herausführt, indem sie den Menschen überrascht, schockiert, erstaunt und mit der Wahrheit beschämt, was sie/ihn zur Veränderung anregt und seine/ihre Deutung der Welt ver-fremdet.[17] Die tiefen Abwehrmechanismen in BuH, die durch die Ablagerung negativer Erinnerungen entstanden sind, – und die sich heute durch verschiedene Formen der Verachtung, Ablehnung, Widerwilligkeit, Vorurteile, Unterschätzung, Vermeidung der Kommunikation manifestieren – sind das größte Hemmnis für Dialog und Zusammenleben, sowie ein enormes Reservoir der negativen Energie, das den Ideologien für die schlimmsten Ereignisse hilfreich sein kann. Der V-Effekt unterbricht diese Mechanismen, indem er die Menschen in diesem Kontext mit den größten geistlichen Errungenschaften ihrer Kriegsgegner schockiert und ihnen im Zusammentreffen mit den Anderen eine Erfahrung der Bereicherung ermöglicht. Fr. Ivo beschreibt, wie auf den Konzerten von »Pontanima« die Zuhörer positiv schockiert werden: was ihnen fremd, unbekannt, feindlich schien, entdecken sie plötzlich als etwas Ähnliches, Naheliegendes, Bereicherndes.[18]

Vom deutschen Philosophen Hans-Georg Gadamer (1900–2002) übernimmt Fr. Ivo die Einsicht in die integrative Wirkung der Kunst[19] und ergänzt sie mit Aussagen des niederländischen Psychologen Johan Huizinga über die gemeinsamen Kennzeichen der Phänomene des Spiels und der Kunst: beide treten aus dem

---

sind), die aber eigentlich nur über die Gefährdung der Heimatliebe und des Glaubens durch mehrere »Feinde« singen, und damit die Kriegsatmosphäre im Volk erhalten.

[17] Bertolt Brecht: Gesammelte Werke in 20 Bänden, Frankfurt a. M. 1967, Band 15, 301

[18] Fr. Ivo beschreibt, wie »Pontanima« 1998 bei einer Messe in der katholischen Kirche in Zagreb gesungen hat. Obwohl die katholischen Priester gegen die Aufnahme orthodoxer Lieder von serbischen Komponisten in der altslawischen Sprache in das Messprogramm waren, hat »Pontanima« diese Lieder trotzdem gesungen. Nach der Messe haben sich die Gläubigen nicht beklagt. Vielmehr waren sie positiv überrascht und zufrieden. Drei Jahre später hatte »Pontanima« ein Konzert im Theater »Madlenianum«, in jenem Teil Belgrads, wo die serbischen Nationalisten am stärksten waren. Viele Freunde »Pontanimas« legten nahe, die islamischen Lieder aus dem Programm zu streichen, die Mitglieder des Chors hatten Angst (manche haben sogar schusssichere Westen angezogen), aber das Publikum nahm wider Erwarten die islamischen Lieder mit starkem Applaus auf.

[19] Vgl. Hans-Georg Gadamer: Wahrheit und Methode, Tübingen 1965

alltäglichen Leben heraus und gestalten einen Raum, in dem die alltäglichen menschlichen Beziehungen neu gestaltet werden können, indem die Realität aus neuen Perspektiven betrachtet und neue Möglichkeiten erforscht werden, diese Realität zu verbessern; Spiel und Kunst implizieren Gemeinsamkeit, Konfrontation mit dem Unwägbaren, Kreativität, Wagnis, Entwicklung der Identität.[20] Für Fr. Ivo ist die Kunst ein Ausfallschritt aus dem Leben und eine Möglichkeit, aus einer anderen Realität auf diese Realität zu reflektieren. Er hält fest, dass die Kunst den Boden für verschiedene Veränderungen bereiten kann[21]. Auch Ina Merdjanova und Patrice Brodeur vertreten in ihrer großen Studie über den interreligiösen Dialog und die Friedensarbeit in BuH, dass »die künstlerischen Initiativen als besonders ermutigende Veranstaltungsorte für interreligiösen Dialog und Friedensarbeit erscheinen«.[22]

Das Ideal »Pontanimas« ist eine gesellschaftliche Symphonie der Religionen, die »Pontanima« auf dem Gebiet der Musik verwirklicht, womit es zugleich ein provokantes Modell für die geteilte BuH-Gesellschaft anbietet. »Pontanima« ist eine hoffnungsvolle Antizipation der Symphonie der verschiedenen (ethnoreligiösen u.a.) Identitäten der BuH-Gesellschaft: ein Ruf zur gesellschaftlichen Erneuerung und gleichzeitig eine Gemeinschaft, die diese Erneuerung lebt und bezeugt.

3.2 Praktische Grundlagen des Projektes

Folgender Abschnitt konzentriert sich auf die Strategien, Erfahrungen und Entscheidungen im Laufe der Entwicklung des Projektes.

Das Projekt »Pontanima« hat einen Vorläufer in einer Gemeinschaft bosnisch-

---

[20] Vgl. Johan Huizinga: Homo Ludens. A study of the play element in culture, Boston 1955. Im Frühling 2007 wurde »Pontanima« eingeladen, für die Kinder aus Grundschulen in Srebrenica zu singen. Srebrenica ist eine kleine Stadt in Ostbosnien, wo die Armee der bosnischen Serben ca. 8000 Bosniaken systematisch innerhalb von wenigen Tagen erschossen haben. Heute leben dort gespaltene Gemeinschaften von Bosniaken und Serben, eine Atmosphäre, die auch vor dem Konzert spürbar war. Die Eltern fühlten Unbehagen und haben nur mit den Angehörigen ihrer ethnischen Gemeinde gesprochen. Aber während des Konzertes begannen die Besucher, zusammen einige Volkslieder zu singen und man konnte die Gemeinsamkeit spüren. Nach dem Konzert waren alle froh und ermutigt und begannen, mit den Menschen aus anderen Gemeinden zu sprechen.

[21] Fr. Ivo nennt das Beispiel der Moschee in Rijeka, die trotz anfänglicher Ablehnung sehr gut von den katholischen Kroaten in Rijeka akzeptiert wurde, weil der Architekt der Moschee ein Sakralgebäude im europäischen Stil entworfen hat. Mittlerweile bezeichnen alle Einwohner von Rijeka diese Moschee als »unsere Moschee«: sie erleben die Moschee nicht als ein Symbol der fremden Identität, sondern als ein in Rijeka integriertes Kunstwerk.

[22] Inna Merdjanova/Patrice Brodeur, a.a.O., 106.

herzegowinischer Studenten in Zagreb (Kroatien), mit dem Namen »Srce Bosne« (»Herz Bosniens«), die während ihres Exils aus B&H 1992–1995 einen kleinen Chor organisierten, der offen für die Angehörigen aller Religionen und Ethnien war[23]. Nach der Rückkehr aus dem Exil gründete Fr. Ivo einen ähnlichen Chor in Sarajewo, in dem Franziskanerkloster des Hl. Antonius, in der Gemeinde Stari Grad, wo sich die Zentren der vier traditionell stärksten buh Religionen befinden. Das Projekt wurde anfänglich von der Leitung des Franziskanerordens unterstützt, aber im Jahr 2009 bekam die Franziskanerprovinz Bosna Srebrena eine neue Leitung, die »Pontanima« mit Abneigung begegnete, sodass das Projekt sich von der franziskanischen Gemeinde trennen musste und seine Aktivitäten mittlerweile ausschließlich im zivilgesellschaftlichen Bereich fortsetzt, wobei es Unterstützung von ausländischen Geldgebern bekommt. Die Oberhäupter der Religionsgemeinschaften in B&H waren »Pontanima« faktisch niemals wohlgesonnen.

Der erste strategische Schritt »Pontanimas« war, dorthin zu gehen, wo die Traumata, der Hass und die Separation am stärksten waren, und gerade dort ein prophetisches Zeugnis positiver Provokation zu geben. In diesem Kontext sind die Auftritte in Banja Luka, Prijedor, Brčko, Mostar, Srebrenica, Vukovar, Osijek, Belgrad, Novi Sad, usw. zu verstehen. Die Musik »Pontanimas« wurde in den Städten wesentlich besser aufgenommen als in den Dörfern, da die bosnisch-herzegowinischen ländlichen Gebiete viel konservativer im Blick auf das religiös »Andere« sind.[24]

»Pontanima« begann zuerst, orthodoxe und jüdischen Lieder zu singen (Mitte 1997). So gastierte der Chor zunächst in katholischen Kirchen, um dorthin seine Versöhnungsbotschaft zu tragen, 1999 gab er dann auch ein Konzert in der Halle der Jüdischen Gemeinde in Sarajewo. Die Integration der islamischen Musik stellte eine zweifache Herausforderung dar: (1) wegen der Unterschiedlichkeit der christlichen und islamischen religiösen und musikalischen Paradigmata, und (2) wegen des belastenden Konfliktes auf dem Balkan. Es war nicht leicht, streng einstimmige Ilahi ins Konzert mit christlichen und jüdischen mehrstimmigen Liedern zu integrieren.[25] Diese Aufgabe hat der Komponist Mario Katavić, mit

---

[23] Vgl. Anja Baumgart-Pietsch, a.a.O., 20.
[24] Vgl. Inna Merdjanova/Patrice Brodeur, a.a.O., 112
[25] Man hatte Angst, dass die islamische Musik, die dem Text dient – im Unterschied zu christlicher Musik, in der die Musik oft wichtiger als Text ist – vielleicht in der Polyphonie mit anderen Religionen den Eindruck des mangelnden Respektes oder kulturellen Inferiorität produzieren wird.

seiner Bearbeitung der Ilahi »Allahu ekber« gelöst, die zum ersten Mal anlässlich des Assisi-Tages 1998 in der Hl.-Antonius-Kirche in Sarajewo aufgeführt wurde, was aber negative Reaktionen bei manchen hervorrief und dem Projekt den Vorwurf des Synkretismus und der Jugonostalgie einbrachte. Ebenfalls im Jahr 1998 bereitete »Pontanima« ein Konzert für jede abrahamitische Religion mit einer Auswahl der besten Kompositionen vor, die die Spiritualität der jeweiligen Gemeinde in der geistlichen Musik produziert hatte. Das Konzert der islamischen Musik fand im Sommer 2002 im Bosniakischen Institut in Sarajewo statt. Während es bei den Oberhäuptern der Islamischen Gemeinschaft und der Serbisch-Orthodoxen Kirche eher auf Widerstand stieß, fand es beim Publikum und bei den Kulturvereinen starke Unterstützung.

Die strategische Entscheidung zur Grenzüberschreitung – *cross-border* (»Übertritt der Grenzen«) – verdankt sich dem Wunsch, dass »Pontanima« auch in der Republik Srpska und in anderen Nachbarländern gehört wird, nachdem der Chor gute Erfolge in der Föderation B&H sowie europa- und weltweit erzielen konnte. Anfang 2001, nach langen Vorbereitungen und Verhandlungen, hatte »Pontanima« schließlich ein erstes Konzert in der Haupstadt der Republik Srpska, Banja Luka, dann auch in Brčko, und später noch in Belgrad, Novi Sad (Serbien), Vukovar und Osijek (Kroatien).

Ein wichtiger Teil des Projektes bestand darüber hinaus in der Forschungsarbeit. Auf der Basis hunderter CDs mit der Musik der verschiedenen Religionen wurden die Beziehungen zwischen Musik und Religion, sowie die wechselseitigen Einwirkungen der verschiedenen Traditionen untersucht. Zuerst wurden jüdische Lieder in jiddischer oder ladinischer Sprache erforscht, dann orthodoxe in slawischen Sprachen, und schließlich islamische in arabischer und bosnischer Sprache. Darüber hinaus wurde das Repertoire mit der Zeit auch auf katholische mittelalterliche, lateinische Gesänge, und am Ende auf moderne, evangelische und afro-amerikanische Lieder erweitert.

Der Schlüssel des langen Fortbestandes des Projektes war die unglaubliche Bereitschaft der Teilnehmer des Chors zu kostenloser freiwilliger Arbeit. Spenden nutzte man für die Arbeit des Chores und Reisekosten.[26] Bislang waren 150 Menschen an Pontanima beteiligt, derzeit singen im Chor ca. 70 Sängerinnen und Sänger. »Pontanima« hatte seit seiner Gründung 2 Proben pro Woche und ca. 30 Auftritte pro Jahr. Kürzlich gab es einen Generationenwechsel bei »Ponta-

---

[26] Vgl. Anja Baumgart-Pietsch, a.a.O., 20.

nima«. Mit den derzeitigen Dirigenten Alma Aganspahić und Josip Katavić sind zwei jüngere Künstler mit der musikalischen Leitung betraut.

Der Chor reiste tatsächlich in die Städte und Dörfer des ganzen Landes und auch die umliegenden Regionen. Pontanima ist mehr als 350-mal aufgetreten, in BuH, Kroatien, Serbien, Montenegro, Slowenien, Italien, Österreich, Deutschland, Frankreich und in den USA.[27] Durch seine Konzertprogramme hat der Chor mehr als dreißigtausend Menschen erreicht.[28] Pontanima hat 5 CDs aufgenommen; 2 Dokumentarfilme wurden über Pontanima gedreht. Etwa 20 Kompositionen wurden speziell für Pontanima geschrieben und von Pontanima aufgeführt. Die berühmteste von diesen Kompositionen ist die Missa Bosniensis von Andrija Pavlič, 2009 uraufgeführt von Pontanima und der Philharmonie von Sarajewo.[29] Das ist ein großer Erfolg für einen Chor, der fast ausschließlich aus Amateuren besteht; die Mehrheit der Mitglieder des Chors hat andere Berufe: Architekt, Professorin der arabischen Sprache, Ingenieur, Psychologin, Journalistin…[30]

Sehr wichtig für Pontanima war die Zusammenarbeit mit bekannten Musikern. Die bekanntesten für Pontanima geschriebenen Musikstücke sind das »Bosnische Te Deum« (Mario Katavić), aufgeführt 1999 zusammen mit dem Orchester »Arion« aus Banja Luka und »Missa Bosniensis«, aufgeführt mit der Sarajewo-Philharmonie 2009.[31] Pontanima hat auch gut mit mehreren Solisten vom Balkan, aber auch aus Europa, Japan und den USA zusammengearbeitet.

[27] Vgl. Pontanima = Soul Bridge, online: http://interfaith2013.qatarconferences.org/pdf/topic_english/ Ivo%20Markovic.pdf, letzter Zugriff am 16.1.2019; Zoran Brajović: «The Potential of Inter-Religious Dialogue", in: Martina Fischer (Hg.): Peacebuilding and Civil Society in Bosnia-Herzegovina. Ten Years after Dayton, Münster 2006, online: http://www.berghof-conflictresearch.org/documents/publications/daytone_brajovic_civilsoc.pdf, 197.

[28] Branka Peuraca, a.a.O, 10f.

[29] Vgl. Pontanima = Soul Bridge.

[30] Vgl. Pontanima – duhovni most između islama i hrišćanstva, online: http://www.slobodnaevropa.org/ content/article/832814.html, letzter Zugriff am 16.1.2019.

[31] Die Missa Bosniensis wurde anlässlich des 800sten Jahrestages des Franziskanerordens uraufgeführt. Die Komposition wurde dem »Hl. Franziskus, allen unglücklichen, verlassenen und verlorenen dieser Welt, den bosnischen Franziskanern und dem Chor Pontanima« gewidmet. Als die Besucher der Uraufführung das Programm dieser Messe – deren Text lateinisch war – gesehen haben, fragten sich viele, was hier denn »Bosniensis« ist, aber als sie die in der Komposition integrierten Elemente aller bosnisch-herzegowinischen religiösen Traditionen, zusammen mit spezifischen slawischen und lokalen musikalischen Traditionen bemerkten (manche Töne, Betonungen und Rhythmen waren vom bosnischen kolo, den Liedern und lokalen Musikinstrumenten inspiriert), belohnten sie die Komposition mit Akklamation und Komplimenten. In den Medien wurde die Missa Bosniensis als eine »festliche, progressive und energische« Komposition, »reich an gespannten Sekunden, in einzelnen Momenten elegisch« beschrieben, und als »wertvolles Denkmal der bosnischen Seele« bezeichnet. Neben der Missa Bosniensis, wurden bei der Uraufführung auch Kompositionen aus den vier monotheistischen Traditionen in BuH aufgeführt. Mit der Komposition »Alleluia« aus der Missa Bosniensis hatte »Pontanima« den ersten Platz für

In seiner Arbeit war Pontanima bereits mit vielen Herausforderungen konfrontiert: Während einige Mitglieder ziemlich zufrieden mit der Zusammenstellung des Repertoires waren, hatten andere mehr Schwierigkeiten, Lieder aus anderen Traditionen zu singen, zumal nach Jahren des gewaltsamen Konflikts zwischen den ethnoreligiösen Gruppen. Viele im Chor hatten im belagerten Sarajewo gelebt.[32] Oft wurden die Sänger/innen auch von Freunden kritisiert, die dachten, sie würden ihr eigenes Volk oder ihre Religion verraten. Einige Religionsoberhäupter kritisierten die Arbeit von Pontanima als Synkretismus.[33] Einige orthodoxe und islamische Religionsoberhäupter vermuteten auch eine katholische proselytische Initiative hinter dem Chorprojekt Pontanima.

Dem gegenüber betont Fr. Ivo Marković, dass die Grundidee war, eine Form der positiven Provokation zu sein, und diesen, so tief vom Nationalismus versklavten religiösen Gruppen, zu zeigen, dass die Religionen doch positive Beiträge leisten können. Viele Menschen haben Pontanima tatsächlich als sehr provokant empfunden.[34] Aber Pontanima wurde davon nicht abgeschreckt, sondern ging gerade in die gefährlichsten Gebiete, wo die Nationalisten am stärksten waren.

Pontanima wird heute immer mehr als ein innovatives friedenstiftendes Projekt anerkannt, als eine Botschafterin für Bosnien-Herzegowina und ein wichtiger Beitrag zum kulturellen Leben von Sarajewo und B&H.[35] 2002 sagte der ehemalige Generalsekretär der UNO Kofi Annan über Pontanima: »Die Macht des Friedens in der Musik Pontanimas ist beeindruckend; ich war stark inspiriert, als ich sie gehört hatte.« Von den Preisen, die Fr. Marković und Pontanima für ihre Arbeit bekommen haben, verdienen vor allem folgende Erwähnung: »Tanenbaum Peacemakers in Action Award«, der Preis der Organisation »Tanenbaum Center for Interreligious Dialogue« (1998, New York, USA); der Preis »Search

moderne geistliche Musik beim Wettbewerb »Musica mundi« 2007 in Rom gewonnen. Der Autor der Komposition, Andrija Pavlič (geboren in Sarajewo) studierte und unterrichtete später Musik in Wien. Er war immer ein wichtiger Berater und Supervisor der Arbeit »Pontanimas«. Vgl. Ivo Marković: Andrija Pavlič's Bosnian Mass, online: http://www.bosnasrebrena.ba/v2010/index.php?option=com_content &view=article&id=812%3APraizvedba+Missae+Bosniensis&Itemid=201, Sarajewo 7.III.2009, letzter Zugriff am 7. Oktober 2015

[32] Vgl. Branka Peuraca, a.a.O., 10f ; Inna Merdjanova/Patrice Brodeur, a.a.O., 107.

[33] Vgl. Pontanima = Soul Bridge

[34] »Ivo erzählt gerne über seine Begegnung mit einem Fremden, der ein Konzert besucht hatte. Dieser Mann sagte laut, wenn dieser Häretiker Ivo Marković ihm in die Hände kommen wurde, würde er ihn erwürgen, wegen seiner Frechheit, in dem franziskanischen Gewand zu stehen und muslimische Lieder zu singen. ›Ich bin Ivo Marković‹, sagte Ivo zu ihm, worauf der Fremde beschämt einen Rückzieher gemacht hätte.« Conrad Keziah, a.a.O.

[35] Vgl. Pontanima = Soul Bridge

for Common Ground« (2004, Washington, USA); »Sechsten-April-Preis der Stadt Sarajewo« (2006), die höchst mögliche Anerkennung der Stadt Sarajewo; verschiedene andere Preise beim Festival »Zlatna vila« (2005), Auszeichnungen bei internationalen Chorwettbewerben in Rom und Graz, der »Pax Christi Award« für 2011, usw. Außerdem repräsentierte der Chor Bosnien-Herzegowina bei der UNESCO in Paris (2003), sang bei einem Konzert anlässlich des Jahres der Menschen mit Behinderung der Europäischen Union (2003) und nahm am Weltkongress der Interreligiösen Konferenz der Kirchen 2005 in Genf teil.[36]

Die Mission von Pontanima ist, Menschen zu vereinen, die die Musik lieben und die spirituelle Kraft der Musik nutzen möchten, um die verschiedenen bosnischen Identitäten zusammenzuführen.[37] Der Chor Pontanima weist verschiedene charakteristische Facetten der interreligiösen Versöhnungsarbeit in BuH auf, z.B. die Verbindung zu lokalen und internationalen Organisationen, sowie zu ausländischen religiösen Gruppen, die die lokalen interreligiösen Bemühungen unterstützen, aber auch eine gewisse Flexibilität: Der Chor entwickelt sich zusammen mit seinen Mitgliedern, indem er ihnen Erfahrungen und Perspektiven vermittelt, die sie nicht voraussehen und erwarten konnten.

Fr. Ivo Marković erklärt die Verbindung zwischen dem Chor und der Versöhnungsarbeit dadurch, dass durch gemeinsames Singen das Verständnis für und die Liebe zu anderen Glaubensrichtungen und kulturellen Traditionen gestärkt wird und diese zu einem Teil der eigenen Spiritualität werden können.[38] Auf diesem Weg heilt Pontanima Wunden und baut neue Beziehungen durch die Musik. Die Musik von Pontanima ist geprägt von künstlerischer Vielfalt, die aus der spirituellen und religiösen Vielfalt Bosniens und Herzegowinas erwächst. Angesichts der weit verbreiteten Hoffnungslosigkeit in Bosnien-Herzegowina heute, fördert die Arbeit von Pontanima den Stolz auf die einzigartige bosnisch-herzegowinische Identität, die auf dem Reichtum der Kulturen beruht.

---

[36] Vgl. Marko Oršolić: Multireligiöser Dialog in Bosnien-Herzegowina, in: Tauwetter – franziskanische Zeitschrift für Gerechtigkeit, Frieden und Bewahrung der Schöpfung, Nr. 2, 27. Jahrgang, Düsseldorf, Juni 2012, 23
[37] Vgl. Zoran Brajovic, a.a.O., 197.
[38] Vgl. Branka Peuraca, a.a.O., 10f.

4. Schlussgedanken zur Rolle der Musik im interreligiösen Dialog

Seit den 1990en Jahren wurde Musik der großen Religionsgemeinschaften der Welt als spirituelles Medium des interreligiösen Dialogs und der Friedensarbeit entdeckt, was eine zunehmende Anzahl interreligiöser Musikprojekte bezeugt.[39] Der letzte Abschnitt dieses Artikels versucht zu erläutern, welche Rolle die Musik im interreligiösen Dialog spielt.

1. Musik und andere Kunstformen eröffnen den interreligiösen Dialog auf der ästhetischen Ebene und ergänzen somit die rationalen und ethischen Dimensionen des Dialogs. Religiöse Erfahrung darf sich nicht auf (Weitergabe von) Normen und Lehren beschränken, diese muss auch die ästhetische Ebene berücksichtigen – nicht zuletzt, weil die Religionen in Mythen, Bildern, Kunstformen, Ritualen alle unsere Sinne ansprechen möchten, und weil sinnliche Erfahrungen für Religionen ursprünglich von größerer Bedeutung als gedankliche Überlegungen waren.[40] Ohne diese ästhetische Ebene des Religiösen zu berücksichtigen, bleiben sowohl die religiöse Erfahrung als auch der interreligiöse Dialog unvollständig.

2. Wichtig im interreligiösen Dialog ist auch die *transformative* Kraft der Musik. Nicht nur, dass Musik die (inter)religiöse Erfahrung im Dialog auf der ästhetischen Ebene bereichert, sondern sie kann die (inter)religiösen Erfahrungen und Beziehungen auch transformieren. Zwischen religiösen Überlieferungen und kulturellen Ausdrucksformen besteht eine ständige Wechselwirkung: Einerseits formen religiöse Traditionen ihre kulturellen Ausdrucksgestalten; andererseits werden religiöse Traditionen und ihre Praxis von kulturellen Ausdrucksgestalten geprägt und verändert. Die Wechselbeziehung zwischen Religion und

---

[39] Einige von diesen interreligiösen Musikprojekten beschreibt Dr. Verena Grüter in: Verena Grüter: Kirchenmusik von morgen – was ist zu tun? Impulsreferat aus interreligiöser Perspektive, online: http://www.musikundkirche.de/fileadmin/muk/media/website/MuK_plus/2018–1_Loccum_3_Grueter.pdf?fbclid=IwAR3X05GCA-H2gT6znfAZPrKQf9Fo8FyY2ZrKCXSEr2LCMmZWMDKoidpBG-8, letzter Zugriff am 16.1.2019; und in: Verena Grüter. Klang – Raum – Religion. Ästhetische Dimensionen interreligiöser Begegnungen am Beispiel des Festivals Musica Sacra International, Zürich 2017, 135; Vgl. auch: Karl Ermert: Migration, Integration und Musik, online: https://integration.miz.org/migration-integration-musik-ermert, letzter Zugriff am 16.1.2019

[40] Vgl. Navid Kermani: Gott ist schön. Das ästhetische Erleben des Koran, München 2015, 9; Verena Grüter: Kirchenmusik von morgen – was ist zu tun?, a.a.O.

Kultur ist der Motor ständiger Transformationsprozesse in Religionen und Gesellschaft.[41]

3. Als eine Kunst, die über soziale, kulturelle und sprachliche Grenzen hinaus funktioniert – ja sogar als Sprache, die überall auf der Welt verstanden wird - hat Musik auch ein hohes *(re)integratives* Potenzial. Durch Musik, den »stärksten emotionalen Kommunikationsträger der menschlichen Kultur«[42], können Menschen am unmittelbarsten die ihnen fremden Kulturen und Religionen erfahren und verstehen. Darum kann Musik in einer besonderen Weise die Menschen für andere Kulturen sensibilisieren und den interreligiösen Dialog fördern. Die Tatsache, dass Musik in ihren kulturellen Ausprägungen eine große Plastizität zeigt, prädestiniert sie in besonderer Weise, als das Bindende und Vereinende verschiedener Kulturen, als Brückenbauer gesellschaftlicher Entwicklungen, als Mittel zum Überschreiten gesellschaftlicher Grenzen zu fungieren.[43]

4. Eine der vielen Formen der durch Musik vermittelten interkulturellen und interreligiösen Begegnung und Integration sind interreligiöse Chöre. »Chorsingen ist Kommunikation zwischen Seelen« – so hat es der Chefdirigent des WDR-Rundfunkchors, Stefan Parkman, einmal formuliert.[44] Mit ähnlichen Leitgedanken wurde auch der interreligiöse Chor Pontanima (Pont-anima = Brücke der Seelen) gegründet. Hinter dem Pontanima und anderen ähnlichen interreligiösen Chören steht eine enorme Menge künstlerisch-kultureller Aktivitäten, aber auch sozial-kultureller Vorgänge. Chöre funktionieren als »soziale Kulturorte«, wo

[41] Vgl. Verena Grüter: Die Stimme in den Religionen, online: https://www.amj-musik.de/module. php5?datei=chormusik_und_migrationsgesellschaft_-_download.pdf&fid=2&mod=files, 69; Musik kann positiv die psychosozialen Vorbedingungen bei den im Dialog beteiligten Menschen ändern und sie für die (inter)religiöse Erfahrungen sensibilisieren. Die Wissenschaftler haben folgende positive Auswirkungen der Musik auf den Menschen festgestellt: verbesserte Stimmung und allgemeines psychisches Wohlbefinden; Entspannung und Stressminderung; geistige Aktivierung; Schutz von mentaler und körperlicher Gesundheit; Erfahrungen von Spiritualität und tieferem seelischem Erleben; verbessertes Selbstbild und erhöhte Selbstwirksamkeit; Gefühle sozialer Verbundenheit. Diese Wirkungen der Musik sind in Hinblick auf viele Traumata und psycho-soziale Belastungen im bosnisch-herzegowinischen Postkonfliktkontext von großer Bedeutung für den dortigen interreligiösen Dialog, weil sie die vielen psychischen Blockaden für Dialog bei den Beteiligten entfernen können. Vgl. auch Karl Ermert (Hg.): Chormusik und Migrationsgesellschaft. Erhebungen und Überlegungen zu Kinder- und Jugendchören als Orte transkultureller Teilhabe, online: https://www.amj-musik.de/module.php5?datei=chormusik_ und_migrationsgesellschaft_-_download.pdf&fid=2&mod=files&fbclid=IwAR01h0Ufd6BWFtzyOjdO uo1YSJEKdIeRmUsb6ZKDPqw_1−2OZ9bFVUMeP1Q, 65, letzter Zugriff am 16.1.2019.
[42] Vgl. Ralph Spintge/Roland Droh: Musik-Medizin. Physiologische Grundlagen und praktische Anwendungen, Stuttgart 1992, 27; Karl Ermert, a.a.O.
[43] Vgl. Gerhard Schulze: Die Erlebnisgesellschaft. Kultursoziologie der Gegenwart, Frankfurt/M. 1992.; Karl Ermert, a.a.O.
[44] Vgl. Karl Ermert (Hg.): Chormusik und Migrationsgesellschaft, 5.

das gemeinsame Singen und Arbeiten im Chor zur persönlichen, künstlerischen und sozialen Entwicklung der Beteiligten über kulturelle, soziale und ethnoreligiöse Grenzen hinweg beisteuern kann.[45] Durch die Erfüllung der vielfältigen sozial-integrativen Funktionen auf der Ebene der Gesellschaft/Gemeinden (soziale Netzwerkbildung, ehrenamtliches Engagement, soziale Anerkennung, Selbstverwirklichung in künstlerisch-kultureller Arbeit etc.) hat das interreligiöse Chorsingen - neben der Bereicherung und Transformation der Beteiligten und ihrer religiösen Erfahrungen (ästhetische und transformative Funktion), neben dem Beitrag zur (Wieder)herstellung der Einheit zwischen der gesellschaftlichen Gruppen (integrative Funktion) – auch eine *vernetzende* Funktion in der Gesellschaft.

(Dr. Marijan Orsolic ist Pastoralasisstent in der Dompfarre St. Pölten und Religionslehrer in Pölten, Österreich)

ABSTRACT

The topic of this paper is the Interreligious Choir »Pontanima« (›spiritual bridge‹) in Sarajevo, comprised of a religiously mixed group of musicians performing religious music from different religious traditions. With the frequency of performances and the diversity of its singers, Pontanima is a powerful witness and reminder of hope that springs from the core of Abrahamic spirituality. The paper focusses on the theoretical and practical basis of this innovative peacemaking project, which received numerous interreligious and peace awards. A brief introduction into the history of the ethnoreligious conflicts in Bosnia-Herzegovina and into the role of interfaith-based NGOs in the Bosnian-Herzegovinian society at the beginning of this article helps the reader to understand the work-context and importance of Pontanima in Bosnian-Herzegovinian society. This paper ends with the reflection on the role of music in interreligious dialogue, with special focus on interreligious choral music.

---

[45] Vgl. a.a.O. 54

Till Death Do Us Part: Divorce and African Pentecostalism in Belgium

Joseph Bosco Bangura

1. Introductory Considerations

1.1 Introduction

After emerging as the most buoyant expression of Christianity that transformed religious discourses in African public life,[1] Pentecostalism has now been exported to and is reshaping the permutations of religion among the African Christian Diaspora in Europe.[2] In the predominantly Catholic nation of Belgium, African Pentecostalism is increasingly becoming a pivotal feature of the overall texture of migrant Christianity.[3] This demographic transfiguration of global Pentecostalism means that migrant Pentecostal Christianity is not only the most active faith among African and Brazilian (Latino) immigrant communities, but it is emerging as the main interlocutor of Protestant Christianity in Catholic Belgium.[4] While various perspectives have analysed this development, little research has been carried out that probes Pentecostal divorce narratives in the Af-

---

[1] John F. Mccauley, »Pentecostalism and Politics: Redefining the Big Man Rule in Africa,« [pp 322–344], in: Martin Lindhardt, ed., Pentecostalism in Africa: Presence and Impact of Pneumatic Christianity in Postcolonial Studies, Leiden/Boston, 2014, 322.

[2] Frieder Ludwig and J. Kwabena Asamoah-Gyadu, African Christian Presence in the West: New Immigrant Congregations and Transnational Networks in North America and Europe, Trenton, NJ 2011.

[3] Colin Godwin, »The Recent Growth of Pentecostalism in Belgium,« International Bulletin of Missionary Research 37, no. 2 (2013): 90.

[4] Colin Godwin, »Belgian Protestantism from the Reformation to the Present: A Concise History of its Mission and Unity,« European Journal of Theology 22, no. 2 (2013a): 154–155; David D. Bundy, »Pentecostalism in Belgium,« Pneuma: The Journal of the Society of Pentecostal Studies 8, no. 1 (1986), 52.

rican Christian Diaspora or analyses the adaptation of children after a divorce.[5] This omission is largely due to the fact that African Pentecostalism exhibits rigidity in its construction of marriage and family life, with divorced families viewed negatively.[6] Pentecostalism's conservative attitude against divorce uses the understanding derived from its biblical and theological teaching to protect the sanctity of marriage and family life practices among its African immigrant clientele. In their view, when African Pentecostal couples recite the vow, »Till death do us part,« they are not just repeating an age old liturgical wedding vow used by the church. To African Pentecostals, such a vow expresses the permanence of the marriage union itself, which has been joyfully solidified before God and man. Thus, divorce or legal separation is never contemplated as a possible consequence of any of the marriages contracted by African Pentecostals.

But even though Belgium's African Pentecostalism has retained this theologically conservative stance on marriage and family life, there is an increase in the number of its own Pentecostal faithful who are not only experiencing family fissure, but are actively seeking divorce or legal separation from estranged spouses. Consistent with the increasing divorce rate in Western Europe,[7] many distraught African immigrant couples have opted for divorce, irrespective of the conservative theological teaching espoused by Pentecostalism, or the psychological stress associated with remarriage.[8] Pentecostalism's inflexible stance against divorce challenges the very ethos which accounts for the widespread appeal of the movement among marginalized people who struggle to make a living at the periphery of society.[9] Consequently, the women folk who are in the majority[10] are never given appropriate representation on Pentecostalism's leader-

[5] Pedro R. Portes, Joseph H. Brown and Ralph C. Haas, »Identifying Family Factors that Predict Children's Adjustment to Divorce: An Analytic Synthesis« Journal of Divorce and Remarriage 15, no 3 & 4 (1991): 87–103, 88.

[6] Cf. Abraham Greeff and Elmien Aspeling, »Resilience in South African and Belgian Single-parent Families« Acta Academica 39, no 2 (2007): 139–157, 140.

[7] Thorsten Kneip and Gerrit Bauer, »Did Unilateral Divorce Laws Raise Divorce Rates in Western Europe?« Journal of Marriage and Family 71 (August 2009): 592–607, 592; Stephanie Coontz, »The Origins of Modern Divorce« Family Process 46, no. 1 (2006): 7–16, 14.

[8] Abraham P. Greeff and Maria Cloete, »Family Resilience Factors in Remarried Families in South Africa and Belgium« The Social Work Practitioner-Researcher 27, no 2 (2015): 187–203, 189.

[9] Ivan Satyavrata, »Power to the Poor: Towards a Pentecostal Theology of Social Engagement«, Asian Journal of Pentecostal Theology 19, no. 1 (2016): 45–57, 45.

[10] Allan Anderson, An Introduction To Pentecostalism: Global Charismatic Christianity. 2nd Ed., Cambridge 2014), 265–266.

ship cadre,[11] where poignant decisions about marriage, family life and divorce are made. Instead, women continue to be either largely marginalized and excluded from the fellowship of the church or victimized and stigmatized if they chose to pursue divorce proceedings. This occurrence raises a number of critical questions that merit careful discussion. What are the background factors and causes of divorce among the African Pentecostal Diaspora? What is the general attitude of African immigrant Pentecostalism towards divorce and divorced couples? What forms of stigmatization are divorced couples confronted with? Are divorced persons supported if they decide to re-marry? In order to proffer appropriate rejoinders to these questions, this paper probes the growing divorce narratives emerging from Pentecostal faith communities in the African Christian Diaspora in Belgium.

1.2 Scope

The scope of this paper is to analyse divorce narratives in Belgium's African Pentecostal Diaspora in three ways. First, using a practical-theological approach that is grounded on my ten years of pastoral ministry in African Pentecostal faith communities, the paper discusses the theological perspectives of divorce and assesses its possible causes among African Pentecostal faith communities in Belgium. This discussion is necessitated by the fact that, although divorce is neither theologically sanctioned nor identified with the exigencies of African Pentecostalism, it is nevertheless happening. Second, the paper examines the work of *Voice of Women International Ministries* (VOW)[12] in mitigating incidences of divorce among the African Christian Diaspora in Belgium. Third, having tempered theory with practice, the paper discusses the misgivings that cast doubts over the identity and character of persons who have opted for and obtained divorce. The hope of this paper is to offer a consideration that explains how the Pentecostal faith convictions of the African Christian Diaspora interact with divorce narratives in ways that bear witness both to the Christian teaching on marriage and family life and reflects a measured awareness of the juridical frame-

---

[11] André Droogers, »The Cultural Dimension of Pentecostalism,« pp. 195–214. In The Cambridge Companion to Pentecostalism, edited by Cecil M. Robeck and Amos Yong, Cambridge 2014), 209.
[12] Voice of Women International Ministries is hereinafter referred to as VOW.

work of Belgium where, along with other western European countries, divorce has been legalized.[13]

1.3 Methodology

Three methodologies constitute the process of data collection and analysis for the research. First, the paper uses my involvement in the pastoral ministries of African migrant Pentecostal churches in Belgium to collect data on the conduct of marriage liturgies and how they counsel divorced couples on the options available to them when they decide to re-marry. By adopting a pastoral-theological approach to the problem of divorce, the study accounts for the lived reality of African Pentecostal faith communities that leads to the formation of essential habits necessary for adaptation to the social, physical and spiritual engagements of life in Belgium.[14] Second, using participant observation, I personally observed programs organized by VOW for divorced women. I saw firsthand the sense of dignity, self worth and affirmation that African Christian women who have legally pursued divorce felt after participating in the teaching sessions. The approach of this paper considers how theological reflection can contribute to the social and ecclesiological context of African immigrant Pentecostalism, thereby helping African immigrants to relate to and engage with the world around them.[15] Third, interviews were conducted with Clara Abiola Laoye, founder and president of VOW. Because interviews permit deeper and fuller understanding of the attitudes of respondents,[16] I discussed how Laoye perceives her role in a hostile ecclesial context where divorce is expressly regarded as irreconcilable with Pentecostal beliefs about marriage and family life. My approach was non-structured, qualitative and in-depth interview model which allowed for deeper questioning that unearthed facts that would otherwise not come out, clarified theological assumptions that I had conceived through involvement in participant observation, and to chart the way forward for possible areas of Pentecostal church life where further research will be required. The purpose for my choosing to use this ap-

---

[13] Kneip and Bauer, »Unilateral Divorce Laws,« 592.

[14] Christian Scharen, Fieldwork in Theology (Michegen: Baker Academic, 2015), 40–47; R. Ruad Genzevoort and Johan Roeland, »Lived Religion: The Praxis of Practical Theology«, International Journal of Practical Theology, 18, no 1 (2014): (90–101), 94.

[15] Andrew Lord, Network Church: A Pentecostal Ecclesiology Shaped by Mission, Leiden/Boston 2012, 3.

[16] Nancy Jean Vyhmeister, Quality Research Papers 2nd Ed., Grand Rapids 2008, 161.

proach was to understand how the lived experiences of African Diaspora Pentecostal faith communities in Belgium engender meaning in life, and what use African immigrants make of those experiences even if such practices conflict with established theological teaching.[17]

2. African Pentecostalism and the Divorce Conundrum

2.1 African Pentecostal teaching on divorce

Pentecostalism, like mainstream Protestant Christianity, was reintroduced to Belgium by waves of foreign missionaries who returned after a tumultuous period in which Protestantism was almost completely erased from Catholic Belgium.[18] After the reintroduction of Protestantism to Belgium, efforts were taken to bring the United Protestant Church and the Federal Synod of Protestant and Evangelical churches to form a singular body that would officially represent the interests of Protestants and dialogue with government on religious issues. These efforts paid off in January 2003 when the Administrative Council of Protestant and Evangelical Religion in Belgium was formed.[19] Today, there is a significant rise in the number of Christians who clearly identify with the spiritual impulses of global Pentecostalism.[20] Perhaps reflective of the nature of global Pentecostalism, Belgian Pentecostalism benefitted immensely from the growing influx of immigrants from Africa, as well as from elsewhere,[21] making the movement particularly active among African and Brazilian immigrant communities.[22] This development means that African Pentecostalism now represents a sizable chunk of the general character of migrant Protestant Christianity in Belgium.[23] Although a mainly historical method has been employed in the study of Belgian

---

[17] Irving Seidman, Interviewing as Qualitative Research: A Guide for Researchers in Education and the Social Sciences 3rd Ed.,New York/London 2006, 9.

[18] Jean Meyhoffer, »L'église sous la croix (1604–1781),« Belgia 2000: Toute l'histoire de Belgique 5 (1984): 47; Michel Tilleur, »Les débuts de la Réforme,« Belgia 2000: Toute l'histoire de Belgique 5 (1984): 22–27; Frank Le Cornu, Origine de églises Reformées Wallonnes, Utrecht 1932, 45.

[19] Godwin (2013a), »Belgian Protestantism from the Reformation to the Present,« 155.

[20] Godwin (2013a), »Belgian Protestantism from the Reformation to the Present,« 154–155; Bundy, »Pentecostalism in Belgium,« 52.

[21] Godwin (2013), »The Recent Growth of Pentecostalism in Belgium,« 90.

[22] Godwin (2013a), »Belgian Protestantism from the Reformation to the Present,« 155.

[23] van der Laan, »The Development of Pentecostalism in Dutch Speaking Countries,« 111.

Pentecostalism, little has been done to analyse divorce narratives (as are other aspects of the immigrant's Christian life) within Belgium's African Diaspora Pentecostalism. By responding to this unavailability of scrupulous literature, this study offers an accessible door that hopefully expands our understanding of African Diaspora Pentecostalism and engages with its essential weaving of Christianity, African cosmological beliefs and the dominant western culture that exhibits a gracious legal generosity to divorce.

Divorce narratives within Belgium's African Pentecostalism must contend with the incorporation of African traditional and religious cosmologies in order to make the Christian faith intelligible to the religious psyche and interest of its African clientele who are presently dispersed from their normal abode. This is because African Pentecostal theology takes inspiration from three sources: the authority of the Bible, Charismatic revivals and the African cultural context.[24] Using these categories has been helpful to Pentecostalism not only as it constructs the peculiar theologies that sets African Pentecostalism apart from other expressions of this Christian movement, but also as it articulates its views on litigious ethical issues such as marriage, family life and divorce. What is pursued in this section is to inform the reader about some of the arguments drawn from Pentecostalism's understanding and use of the Bible in its teaching on the believer's attitude to divorce. Africa's newer Pentecostals, whether they are based in Africa or dispersed abroad among the African Diaspora, are a people who are recognized for their intense love for the Bible.[25] For Pentecostals, the Bible is not just the final authority in matters of faith and practice,[26] but through its repository of narratives the Bible addresses intercultural, contextual and transnational needs of adherents,[27] including those that pertain to marriage, family life and divorce. As such, African Pentecostal theologies have been crafted from the Bible,[28] making its theologies consistent with pristine Christian teaching.[29]

[24] Clifton R. Clarke, ed., Pentecostal Theology in Africa, Eugene, Oregon 2014, 35–36.
[25] Paul Gifford, »A View from Ghana's New Christianity,« pp. 81–96. In The Changing Face of Christianity: Africa, the West and the World, edited by Lamin O. Sanneh and Joel Carpenter, New York/Oxford 2005), 34.
[26] Cephas Omenyo and Wisdom A. Arthur, »The Bible Says! Neo-Prophetic Hermeneutics in Africa,« Studies in World Christianity 19, no 1 (2013): 50–70, 51.
[27] Cephas Omenyo, »Charismatic Churches in Ghana and Contextualization,« Exchange 31, no. 3 (2002): 252–277, 267; Irene John, »Charismatics and Community«, In A Reader in African Christian Theology, ed by John Parratt, London 1999, 134.
[28] Matthews A. Ojo, The End-Time Army: Charismatic Movements in Modern Nigeria, Asmara/Trenton 2006, 192–213.
[29] Philip Jenkins, The Next Christendom: The Coming of Global Christianity 3rd Ed., Oxford 2007, 126.

Given this background, Pentecostalism has upheld the doctrine of mainstream Christian teaching on divorce. Generally, the Christian church has used two principal Old Testament passages (Deuteronomy 24:1–4 and Malachi 2:14–16) and three New Testament passages (Matthew 19:1–12; Mark 10:1–12; and 1 Corinthians 7:10–11) to ground its teaching and prohibition of divorce. Whereas Moses makes provision for divorce in proven cases of marital unfaithfulness (Numbers 5:11–31), and prescribes the imposition of the death penalty if witnesses can provide evidence that adultery did happen (Leviticus 18:29; 20:10), the provisions of Deuteronomy 24:1–4 actually speak of the consequences of remarriage after divorce.[30] Even though Moses' rigid code was issued as a preventative measure against divorce, it was nevertheless happening. Thus, in Deuteronomy 24:1–4, Moses offers a commentary on earlier provisions and insists that remarrying a previously divorced wife actually constitutes moral defilement which is detestable to the Lord. Furthermore, if the Mosaic legislation makes provision for divorce in certain circumstances where there is (i) proven infidelity, and/or (ii) any minor misdemeanour, Malachi 2:14–16 wastes no time in avowing Yahweh's loathing for divorce. For Malachi, a husband who divorces his wife is guilty of treachery, betrayal and ruthlessness against the wife of his youth and acts in a manner that displeases the Lord.[31]

Jesus' interpretation of the Mosaic Law and Paul's application of that teaching to the marriage/family/divorce debate at Corinth arose from this Old Testament context. By the time Jesus began his public ministry, two schools of thought have emerged which gave differing interpretations of the requisite Jewish tradition on divorce. The first school which was led by Rabbi Hillel bases its inference from Deuteronomy 24:1 to argue that divorce was permissible if there was any offensive thing or bad behaviour in the wife to displease her husband. The second school led by Rabbi Shammai uses Numbers 5:11–31 to insist that divorce was only possible if there was a proven case of infidelity on the part of the wife. Whereas both schools have their perceptive followers,[32] this controversy provided an ideal background upon which the religious leaders questioned Jesus' understanding and interpretation of the Jewish tradition concerning divorce. Re-

[30] Stephen Clark, Putting Asunder: Divorce and Remarriage in Biblical and Pastoral Perspective, Bridgend 1999, 25–27.

[31] David Instone Brewer, »Three Weddings and a Divorce: God's Covenant with Israel, Judah and the Church« Tyndale Bulletin 47, no. 1 (1996): 1–25, 1.

[32] Adrian Thatcher, Marriage after Modernity: Christian Marriage in Postmodern Times, Sheffield 1999, 253.

garding Mark 10:1–12, a pericope similar in wording with Matthew 19:1–12, Thatcher notes that:

> Jesus explains the provision of the Law of Moses for divorce as a concession to male ›stubbornness‹ (10.5), and appeals to the Genesis creation narrative (10.6), to a time before the law when divorce was not permitted.[33]

It seems clear that Jesus' proclamation on whether divorce was permissible and the extent to which divorced persons could remarry, tits into a time that predates Moses and opines that because it was God who did join the couple together in marriage, no man should separate them. But Jesus appears to also insert the exception clause, where divorce could be possible on the grounds of marital infidelity. Accordingly, conservatives in the church (to which African Pentecostals could be included) have argued with Jesus that because marriage is God's idea and that because it is God who joins married couples together, no human being or legal system has authority enough to separate them. Divorce and remarriage are tantamount to adultery and as such was uncalled for in the church. As Thatcher points out, »a divorced man who remarries is an adulterer, and a divorced woman, whether or not she marries again, is somehow involved in adultery.«[34]

Even though Paul's teaching on marriage and family life is spread across a wide spectrum of his epistles, Pauline theological thinking on the matter of divorce is clearly articulated in 1 Corinthians 7:10–11. According to Clarke,[35] this Corinthian epistle opens up new contentions among conservative Christians who allege from this passage that Paul seems to have added ›desertion‹ as another ground on which divorce could be granted.[36] While it is not the intention of this section to solve this controversy, suffice it to be noted, like Clarke has observed, that »... Paul is here making ... a concession occasioned by pastoral realism,«[37] where divorce was permissible, but remarriage was not. It would be tenable to argue that Paul's central argument in these two verses was that divorced couples had two options that prevent them from being held culpable of the sin of adultery. Divorced couples can (i) either remain unmarried after divorce, or else (ii) be

---

[33] Thatcher, Marriage after Modernity, 251.
[34] Thatcher, Marriage after Modernity, 254.
[35] Clark, Putting Asunder, 137.
[36] John Murray, Divorce (Phillipsburg: Presbyterian & Reformed Publishing Company, 1961); John R. W. Stott, Issues Facing Christians Today, Chapter 14: ›Marriage and Divorce‹, Basingstoke 1984.
[37] Clark, Putting Asunder, 149 – 150.

reconciled to their estranged spouses. Anything outside this scenario constitutes a subversion of biblical teaching on marriage.

On the basis of these biblical portions, the Christian church has largely maintained two contrasting positions on the issue of divorce and remarriage. The first view, often held by the so-called liberal majority of the Christian church, is that divorce and remarriage are consistent with the teaching of Jesus. The second view, held by conservative Evangelical Protestantism (to which Pentecostalism is included), is that divorce and remarriage are in stark contradiction to Jesus' clear teaching on marriage and family life.[38] Ensuing therefore from this second interpretation, some have suggested that »... any weakening of the force of Jesus' teaching on divorce and remarriage is an accommodation to secular morality, a ›watering down‹ of God's will to human caprice, a misuse of Scripture.«[39] And it is this latter view that has appealed to the religious sensibilities which constitutes African Pentecostal theological teaching on divorce. African Pentecostals see clear prohibitions which beckon Christians to resist divorce. It discourages divorced couples from seeking remarriage because they believe this amounts to adultery. As a movement that aims to revive biblical Christianity which they believe had been compromised by the entry of erroneous teaching in the church, African Pentecostals want to be seen as a people who take seriously the dictates of Holy Scripture. Therefore, by upholding a conservative stance on issues such as divorce and remarriage, African Pentecostalism is seeking to align its teaching with those of conservative Protestantism and Evangelicalism.

2.2 Causes of Divorce among African Pentecostal Churches

In spite of its biblical teaching and appropriation of communal solidarity within African culture, divorce is on the increase in African Pentecostal churches in Belgium. Through my involvement in pastoral ministry with African Pentecostal churches in Belgium, I was surprised that while African Pentecostal churches were excited about organizing church weddings and nuptial blessings, there was almost a deafening silence on the growing rate of divorce or what to do about it. For instance, between 2010 and 2015, I participated in six nuptial blessings at

---

[38] Andrew Crones, Divorce and Remarriage, London 1993, 34–39.
[39] Thatcher, Marriage after Modernity, 259.

Word Communication Ministries in Brussels and Antwerp. Even though one of the marriages ended in divorce soon after it was contracted, there was no serious pastoral reflection which would have ascertained the precise cause(s) of the divorce.[40] This prompted me to investigate further why a good number of African Pentecostal marriages in Belgium were ending in divorce. Although the causes may vary, they could however be grouped in the following four broad categories. The first set of causes relates to the proper uses of meagre financial resources for the sustenance of the migrant family in Belgium and the care of extended siblings at the country of origin. These may include financial abuse by one spouse who is usually unemployed, or by the eschewal of responsibility to care for spouse and children. Others also point to unemployment of the spouse as a cause for divorce. These factors make sense because, unlike the European paradise they dreamed of before engaging on the journey,[41] African immigrants suddenly find that life in Europe is, after all, not that rosy. Bills have to be paid, as are other financial commitments associated with their stay in Europe as well as the grim reality of deportation where they are undocumented.[42] Failure to manage these financial stress factors can lead to divorce. The second set of causes could be explained by abuses which occur when unbearable personality traits are displayed by married couples after receiving the nuptial blessing. These may include traits such as irreconcilable personality, physical, verbal and psychological abuse that is suffered by one spouse. Third, causes related to proven cases of adultery and extramarital affairs also explain the occurrence of divorce. Laoye[43] finds this to be the most common report she receives from women who discover that their beloved husbands have hidden relationships with wives and children left at the country of origin. By their failure to fully disclose any secret past life where love and marriage commitments may have been made, and the husband is found to still be in

---

[40] Joseph Bosco Bangura, »African Pentecostalism and Transnational Marriage Practices in Belgium.« A paper presented at the MACMIDE Workshop on Citizenship, Migration and Development, Maastricht University, The Netherlands, 10–11 April 2017.

[41] Gerrie ter Haar, Halfway to Paradise: African Christians in Europe, Fairwater, Cardiff 1998, 1–2.

[42] Stephen Castles and Mark J. Miller, The Age of Migration: International Population Movements in the Modern World, Fourth Edition, Revised and Updated, New York 2009, 157; Afe Adogame, »African Initiated Churches in Europe: Continuity and Transformation,« pp. 225–244. In African Identities and World Christianity in the Twentieth Century, ed by Klaus Koschorke and Jens Holga Schjørring, Wiesbaden 2005) 231–233.

[43] Clara Abiola Laoye, Founder and President of Voice of Women International Ministries, Brussels, Belgium. This was a written interview where Laoye provided responses to questions from the author in an email reply dated 21 June 2017. I also had follow up emails and interviews with questions for clarification with Laoye on 15 July 2017 and 1 August 2017.

close contact with such secret partners, marital trust is betrayed with divorce being the inevitable consequence. Fourth, interference from extended relatives and siblings also explain why African immigrant marriages fail. For Africans, even though in-laws are an essential and stabilizing force to the cohesion of marriage, they have often been accused of exerting undue influence and at worst using witchcraft to dislocate families and cause separation.

2.3 Interventions by African Pentecostal Churches

In their family resilience theory, McCubbin and McCubbin[44] argue that stress factors and strains affect a family's ability to adapt and adjust to crises. In particular, the family's interpersonal relations, structure and functioning, development, well-being, *spirituality and community relationships* are often badly affected. Of special importance to this paper is the mention of the role of spirituality and community relationships in helping transnational families cope with and adapt to stressful situations. The family's spirituality and membership ties to a faith community should help it cope when crises situations occur. This explains why migrants are known to use religion not only to make sense of the perilous journey, but to lend credence on resilience that redefines human identity and sense of personhood. For migrants, religion is useful in sustaining immigrants throughout the process of displacement, migration and integration into the new host communities.[45] For this reason, African Pentecostal churches have resorted to the use of strategic interventions which they hope will reduce the stresses of divorce. Pentecostal churches regularly and intensively organize prayer vigils where they pray for peace in transnational families. During these tarry night prayer vigils, pastors use slogans such as »the family that prays together stays together« to motivate the congregation to pray ceaselessly for the unity of families. Sermons and seminars address topics that have a bearing on the nexus of marriage and family life. Pastoral mediation by marriage committees in times of marital crises have also been organized where they look for amicable ways to

---

[44] Hamilton I. McCubbin and Marilyn A. McCubbin, »Resiliency in Families: A conceptual Model of Family Adjustment and Adaptation in Response to Stress and Crises,« in Family Assessment: Resiliency, Coping and Adaptations, Inventories for Research and Practice, ed by Hamilton I. McCubbin, Ann I Thompson and Marilyn A. McCubbin, Madison 1997, 1–64, 2–6.
[45] Elzbieta M. Goździak and Dianna J. Shandy, »Editorial Introduction: Religion and Spirituality in Forced Migration,« Journal of Refugee Studies 15, no. 2 (2002): 129–130.

resolve conflict and keep the family intact. However, African Pentecostals are aware that despite their best intensions, it will eventually be left to the purview of the personal decision of the couple in question as to whether they will end their marriage through divorce or make use of the available legal and traditional channels where a settlement to the marital impasse could be found.

3. Voice of Women International Ministries

3.1 Historical Background

VOW was founded in Brussels on 21 July 2007 by Clara Abiola Laoye. Laoye is a Nigerian female Pentecostal clergy who had immigrated to Belgium after negotiating complex family reunification procedures. Laoye and her three children (who were by then minors), joined her husband who was a diplomat working in Brussels after a protracted period of separation from each other. This immigration background clearly indicates that Laoye is conversant with the emotional difficulties that arise from prolonged separation from siblings in transnational families.[46] Because maintaining spousal long-distance relationships can often lead to feelings of resentment and abandonment for those left at home,[47] Laoye set out to make good use of her cumbersome transnational family experiences. Upon arriving in Belgium, Laoye was exposed to social events organized for diplomats and their spouses. These events brought Laoye in close contact, first, with Nigerian diplomats and later with diplomats from the African, Caribbean and Pacific (ACP) region countries. At those encounters, female expatriates and wives of diplomats bemoaned the hairline fracture of transnational families and its impact on women of African descent. As they discuss this unfortunate occurrence, they note with a sombre sigh that for the most part, these women were not getting the appropriate support they need, but helplessly observe as their families disassemble before their own eyes. Even though various diplomatic communities frequently resort to legal means or informal traditional and cultural conflict mediation and resolution techniques known to the African Diaspora, these measures were not as effective as Laoye had hoped for. Others were simply reclined to fate

---

[46] Laoye, written interview, 21 June 2017.
[47] Valentina Mazzucato, Djamila Schans, Kim Caarls and Cris Beauchemin, »Transnational Families Between Africa and Europe,« International Migration Review 49, no. 1 (2015): 143–144.

because taking on board such personal family issues were viewed as contravening their diplomatic endeavours. This reality, coupled with her personal experiences derived from the stresses involved in transnational families, was too pronounced to be ignored. With a heart burdened by prayer and a burning urge to do something that would ameliorate female suffering, Laoye was led to found VOW as a para-church Pentecostal ministry where African religiosity could be used to decipher the pressing social problem of divorce that was slowly eating away the very fabric that binds family life in the African Diaspora in Belgium.[48]

3.2 Ministries and Areas of Operation

The specific aim for which Laoye founded VOW is to enable »every woman realise that she has the right and ability to choose her pathway in life, irrespective of her race, colour, creed or social status.«[49] Therefore, VOW exists to help immigrant women in vulnerable situations regain their self-confidence and achieve their purpose in life. Accordingly, VOW works with immigrant women whose irregular immigration status forces them to be faced with marital, financial, legal and integration challenges. VOW helps these women resolve those issues in a manner that does not demean their integrity and sense of personhood. To achieve this aim, VOW engages in seminars and open forums where divorce is discussed. They hold night vigils where prayers are said for unity in families. Retreats that allow divorced women to tell their stories, seek counselling and come to terms with the stress factors associated with divorce are held. To widen its scope, VOW now trains women evangelists and pastors on the need to reform Pentecostal theologies so that the church's ministry could take cognisance of European divorce law. Social outings encourage divorced women to get away from daily routine to a safe space where they can recuperate from all that life has thrown at them. Conferences have also been held across Europe where Laoye speaks at worship services of African Pentecostal migrant churches about issues of marriage and family life, divorce and remarriage. Where possible, VOW seeks to provide temporary accommodation for women who find themselves stranded. Further, VOW makes swift referral to social service agencies where destitute

---

[48] Laoye, written interview, 21 June 2017.
[49] Laoye, written interview, 21 June 2017.

women could obtain appropriate help.[50] In terms of achievements made so far, VOW has successfully worked with nine African migrant women through court proceedings, separation from estranged husbands, and sees them win the right to have custody of children after divorce. Although these women may have received their preferred legal adjudication from the courts, they still struggle with the daunting task of putting the bits and pieces of their broken lives back in order after the divorce.

3.3 Continuing Challenges

Even though VOW is making significant inroads in its engagement with the pastoral leadership of immigrant Pentecostal churches to get them to acknowledge and deal with issues of divorce, it continues to face a number of challenges. According to Laoye, VOW faces deep seated antagonism from husbands who feel intimidated because their dominant paternal African ego is challenged and sometimes badly injured by the domineering attitude of wives choosing to end their marriages in divorce.[51] Because African immigrant husbands expect their wives to be obsequious, they struggle to comprehend how European laws can empower women to ask for divorce without seeking the consent of spouses.[52] Besides, there is intense suspicion and judgemental attitude from African migrant Pentecostal churches who argue that VOW is promoting a negative theology of marriage and family life. Some churches have even used the insignia »Divorce Pastor«, to describe Laoye for her ministry with divorced women.[53] The result is that divorced couples face stigmatization because divorce is irreconcilable with the biblical beliefs of Pentecostalism. Many of these divorced women have left their churches and taken up membership in white European and Latino churches that are tolerant and sympathetic to the plight of divorced persons. Furthermore, the work of VOW is also hampered by its inability to develop age sensitive social activities that help reduce the stress effects of divorce on children of African migrant families.[54] This is because all its programs are presently directed towards adult fe-

---

[50] Laoye, written interview, 21 June 2017.
[51] Cf. Charles Ebere, »Beating the Masculinity Game: Evidence from African Traditional Religion«, Cross-Currents 61, no. 4 (December 2011): 480–495, 483.
[52] Kneip and Bauer, »Unilateral Divorce Laws,« 592–593.
[53] Laoye, written interview, 21 June 2017.
[54] Portes, et al., »Identifying Family Factors that Predict Children's Adjustment to Divorce,« 88.

males who have either experienced divorce or are engaged with it. Finally, VOW struggles in continuing its peace mediation efforts between the divorced and ex-partners. This is especially challenging when VOW tries to get divorced couples to agree about how to attend to the needs of children, who may be in the custody of the wife.[55]

4. Discussions, Critical Comments and Observations

As the rate of divorce increases among African Pentecostal churches in Belgium, four of the most crucial observations that have implications on the general pastoral/theological perception of divorce among African Diaspora Pentecostalism are discussed below.

4.1 Reconciling Theological Teaching with Belgian (European) Law on Divorce

African Pentecostalism now has to deal with a European context where laws are favourably disposed to divorce. This is because, European law has not only seen a massive gravitation away from merely introducing divorce as a legal act in the 1960s, to a complete overhauling of the legislation itself. This change brought an amendment in divorce laws to allow for the introduction in the 1990s of the »nofault« and from 2000 onwards, the »unilateral« divorce regimes. This latter modification of European divorce law makes it possible to obtain divorce without seeking the consent of one's spouse.[56] While this greatly reduces the stress on potential divorcees, this new socio-legal context directly conflicts with Pentecostalism's unbending intolerance of divorce on the grounds that it is inconsistent with biblical teaching. What this context does suggest is that, Belgium's African Pentecostalism is challenged to engage with divorce and reconcile this with a biblically conscientious and culturally relevant way that depicts an awareness of the legal context in Belgium where their ministries are based.

---

[55] Laoye, written interview, 21 June 2017.
[56] Kneip and Bauer, »Unilateral Divorce Laws,« 592–593.

4.2 Dealing with Negative Perceptions, Stigmatization and Marginalization

Divorced couples not only have to deal with complex and emotionally draining divorce proceedings, they also have to endure a barrage and arsenal of negative perceptions, marginalization and stigmatization from the very faith community to which they belong. This turn of events is particularly difficult for divorced couples, because according to the *Social Support Index* (SSI), the community to which couples belong is expected to provide some sort of emotional support that engenders recognition, affirmation, esteem, affection and nurture relationships when family life is exposed to and experiences stressors.[57] However, rather than helping flustered families derive meaning from the crises associated with divorce, they get castigated for seeking to end their marriages. They are stigmatized for choosing divorce rather than holding on to the permanence encapsulated in the vow »till death do us part.« If African Pentecostal churches desire to preserve resilience in families which is being eroded by numerous fragility factors, a new understanding must be shown toward couples who genuinely believe that divorce could best serve their interests, even if it conflicts with theological teaching.

4.3 Collaboration with Social Workers

As an independent Pentecostal church-related organization that works to cushion the impact of divorce on African migrant women, VOW struggles to align its ministries to fulfil the demands of mainstream social agencies from which it hopes to widen the sphere of its operations. It is not the intention of VOW to compete with social agencies whose role is to cater for the needs of sections of society who are experiencing stressors. However, the fact that divorce proceedings often involve working in close collaboration with legal practitioners, and because African Pentecostal churches view divorce in pejorative terms, VOW functions as surrogate relatives who accompany vulnerable women to court where they act as witnesses during divorce proceedings. VOW sometimes also directs women to legal practitioners who might serve them well. Perhaps, if so-

---

[57] Hamilton I. McCubbin and Marilyn A. McCubbin, »Typologies of Resilient Families: Emerging Roles of Social Class and Ethnicity« Family Relations 37 (1993): 247–254, 248.

cial service providers and agencies could collaborate with African Pentecostal churches, this might greatly reduce the stress levels on transnational African families as they come to terms with divorce in Belgium.

4.4 Divorce in Transnational Family Dimensions

A final implication that this study also shows is the transnational dimensions of divorce among the African Pentecostal Diaspora in Belgium. African migrant families have been ruptured by a wide variety of transnational factors. Among others these include: challenges arising from trans family-based ties and obligations; the role of transnational relatives who are accused to use witchcraft to destabilize migrant marriages; problems of unemployment and the limited or unequal access to resources; and the multiple norms and laws on marriage and divorce that African migrants have to negotiate. All these factors negatively impact transnational marriages and have led to the increase of divorce among the African Diaspora in Belgium. Perhaps a multi-dimensional assessment of these factors will help African Pentecostalism respond to the growing instances of divorce among its clientele in Belgium.

5. Conclusion

African Pentecostal migrants who have made Belgium their home are exposed to family ruptures, with divorce rates steadily increasing. While silence characterize Pentecostal divorce narratives with pastors refusing to engage the issue for fear of losing members, the experiences of VOW show that African Pentecostalism in the Diaspora needs to reengage divorce in ways that bear witness to Christian teaching, appropriates African culture and shows awareness of and sensitivity to European divorce laws. Because Christians live in an imperfect world, the church to which migrant Africans are members must seek to be attentive to the stress factors that affect transnational families. While seeking to be faithful to the Bible, African Pentecostalism in the African Diaspora in Belgium is challenged to take a fresh look at an area of church life that creates enormous hurts for a sizable majority of its faithful followers. Even if VOW's interventions on the issue of divorce would not pass for what many perceive as »good theology,« nonetheless, the organization is helping many distraught couples comprehend divorce, transverse the journey through divorce proceedings and re-appropriate its impact on their families.

(Dr. Joseph Bosco Bangura is a visiting Postdoctoral Fellow at the Academy of Mission, University of Hamburg. He is a missionary and associate pastor at Word Communication Ministry, Brussels, Belgium)

ABSTRACT

Although African Pentecostalism is now a major expression of migrant Christianity with a widening influence on Diaspora faith communities in Belgium, little research has been done to examine the religious implications of transnational divorce and family fracture among the African Christian Diaspora. This essay responds to the dearth of scholarly literature by probing transnational divorce narratives within Belgium's African Diaspora Pentecostalism, in order to identify how Pentecostal theological teaching impacts upon attitudes to divorce. Using *Voice of Women International Ministries* (VOW), the paper discusses how African Diaspora Pentecostalism engages with a contentious area of church life so as to restore a reasonable sense of dignity and self worth to the predominantly African Christian women who are often caught up in the intricate web and bear the brunt of divorce.

Isis und Maria

Die Bedeutung der Göttin Isis für die Entstehung und Entwicklung der Marienverehrung

Mia-Maria Fischer

Die biblische Figur Maria, die Mutter Jesu, hat für die Entwicklung der Theologiegeschichte und für die Gestaltung der christlichen Religiosität immer wieder eine wichtige Rolle gespielt. Sie prägt vor allem die katholische Frömmigkeit bis heute.[1] Dabei wurde und wird ihrer Relevanz durch liturgische Darstellungen und ikonographische Gestaltungsformen Ausdruck verliehen. In der Geschichte der Kirche rückt Maria in den Mittelpunkt einer vielseitigen Frömmigkeit verschiedener Zielgruppen und gewinnt eine eigene »kultische Verehrung«[2], die vor allem in der orthodoxen und katholischen Tradition bis heute erlebbar ist.

Wie kam es zu diesen spezifischen Verehrungsformen und der Entwicklung einer Frömmigkeit und Religiosität, die die Gestalt der Maria als ihr Zentrum innehatten?

Die Suche nach einer Antwort auf diese Frage führt nach Ägypten, zurück zu den Anfängen der Marienverehrung. In ikonographischen Befunden sind interessante Ähnlichkeiten zwischen frühen Mariendarstellungen und Ikonen altägyptischer Göttinnen, speziell Darstellungen der Göttin Isis, aufgefallen. In antiken Texten und archäologischen Funden des Mittelmeerraums wird das Verhältnis von griechisch-römischen und ägyptischen Gottheiten als ein durchlässiges erkennbar, das eine Vermischung und Neuformierung der Vorstellungen von

---

[1] Vgl. Christfried Böttrich/Beate Ego u. a., Jesus und Maria in Judentum, Christentum und Islam, Göttingen 2009, 65; für eine ausführliche Darstellung der Rolle Marias im Protestantismus siehe Christiane Eilrich, Gott zur Welt bringen: Maria. Von den Möglichkeiten und Grenzen einer protestantischen Verehrung der Mutter Gottes, Regensburg 2011; außerdem der Sammelband von Thomas A. Seidel (Hg.), Maria. Evangelisch, Paderborn 2011.

[2] Böttrich, Jesus und Maria, 65.

Göttlichkeit zulässt.[3] Diese transkulturelle Kompetenz der Isis scheint auch für ihr Verhältnis zur christlich geprägten Figur der Maria interessant zu sein, was im Folgenden diskutiert werden soll.

Das Auftauchen der Figuren Maria und Isis überschneidet sich in der Zeit ihrer Verehrung und in gemeinsamen, nacheinander genutzten Kultstätten und Wallfahrtsorten. Die Ikonizität als Medium für transkulturelle Beziehungen zwischen dem altägyptischen Religions- und Kulturraum und der sich findenden christlichen Religion ist hier von besonderer Bedeutung.[4]

Beim Entdecken und Diskutieren der Gemeinsamkeiten und Ähnlichkeiten zwischen Isis und Maria darf nicht vergessen werden, dass beide Figuren in ihrem Ursprung aus unterschiedlichen Zeit- und Kulturräumen stammen und unterschiedliche religiöse Vorprägungen besitzen. Die Untersuchung der Überschneidungen bezieht sich also gemessen an der Gesamtdauer ihrer Verehrung auf ein recht beschränktes Zeitfenster. Und doch kann dieser begrenzte Zeitraum, in dem sich die Begegnung zwischen Isis und Maria ereignet hat, als eine bedeutende und wirkungsvolle Episode für die Entwicklung der Mariologie verstanden werden.

Ein wichtiger Aspekt ist die Frage nach der religiösen Bedeutung, die ikonographische Darstellungen in sich tragen. Ikonen als Medien oder Träger religiöser Elemente zu verstehen, eröffnet eine tiefe Ebene der Bildhaftigkeit, die viel über religiöse und theologische Entwicklungen aussagen kann.[5]

Dabei nehmen ikonographische Darstellungen eine interessante Position ein,

---

[3] Vgl. Svenja Nagel, Kult und Ritual zwischen Ägypten und Rom. Ein transkulturelles Phänomen, in: Claus Ambos/Robert Langer (Hg.), Rituale als Ausdruck von Kulturkontakt. Synkretismus zwischen Negation und Neudefinition, Wiesbaden 2013, 151–176, hier: 157; vgl. Dies., The cult of Isis and Sarapis in North Africa. Local shifts of an Egyptian cult under the influence of different cultural traditions, in: Laurent Bricault/Miguel J. Versluys (Hg.), Egyptian Gods in the Hellenistic and Roman Mediterranean, Supplemento a Mythos 3, Caltanissetta 2012, 67–92; außerdem Laurent Bricault (Hg.), Isis on the Nile. Egyptian Gods in Hellenistic and Roman Egypt, Leiden 2010; zu einer speziell italienischen Adaption des Isis-Kults siehe Molly Swetnam-Burland, Egypt in Italy. Visions of Egypt in Roman Imperial Culture, Cambridge 2015, besonders: 105–141.

[4] Der Begriff der Transkulturation als Beschreibung einer wechselseitigen Form des Austauschs zwischen Kulturen wurde von dem kubanischen Kulturanthropologen Fernando Ortiz (1881–1969) entwickelt; vgl. Fernando Ortiz, Tabak und Zucker. Ein kubanischer Disput, Frankfurt a. M. 1987. Für Näheres zu Ortiz Denken und Begrifflichkeiten siehe Matthias Hildebrandt, Von der Transkulturation zur Transdifferenz, in: Lars Allolio-Näcke/Britta Kalscheuer u. a. (Hg.), Differenzen anders denken. Bausteine zu einer Kulturtheorie der Transdifferenz, Frankfurt a. M. 2005; außerdem zur Einleitung vgl. Klaus Hock, Kulturkontakt und interreligiöse Transkulturation. Religionswissenschaftliche und missionswissenschaftliche Perspektiven, in: BThZ 24/1 (2007), 5–28.

[5] Vgl. Silvia Schroer/Othmar Keel, Eva-Mutter alles Lebendigen. Frauen- und Göttinnenidole aus dem Alten Orient, Freiburg 2004, 15.

die in mancherlei Hinsicht mit der eines Symbols zu vergleichen ist. Sie erzählen eine Geschichte und eröffnen durch Transzendierung des Bildhaften eine neue religiöse und transkulturelle Ebene.

I. Isis und Maria – eine transkulturelle Betrachtung

Mögliche Verbindungen in Ikonographie und Funktion für die Volksfrömmigkeit wurden lange Zeit von der Forschung nicht beachtet.

Eine forschungsgeschichtliche »Wendemarke«[6] in der Betrachtungsweise der ägyptischen Vorgaben für die Entwicklung christlicher Glaubensinhalte wird ab dem Jahr 1972 gesehen.[7] Ab dieser Zeit wird mehr, teilweise auch kritische Forschung zur Bedeutung der Göttin Isis für die Mariologie betrieben. Seitdem beschäftigt sich die Forschung mit zentralen Beziehungen dieser beiden Figuren, erkennt aber auch relevante Akzentunterschiede.

Durch Arbeiten von Theodor Klauser und Elmar Edel wurde deutlich, dass die Titel ›Gottesmutter‹ und ›Gottesgebärerin‹ durch altägyptische Quellen belegbar sind.[8] Diese Erkenntnisse warfen ein neues Licht auf den Zusammenhang zwischen Isis und Maria und gaben entscheidende Impulse für die weitere Forschung.[9]

Allein die Göttin Isis, ihre Verehrung und Bedeutung in den ägyptischen Religionen als wirkungsvoll für die Marienverehrung zu betrachten, ist ein vereinfachter Blick auf die Problematik und umfasst nicht alle Aspekte dieser besonderen Beziehung zwischen der Göttin und Maria. Hinter Isis steht eine große Entwicklung von Göttinnen und göttlichen Gestalten, die wiederum auf jahrhundertelange Darstellungen von Weiblichkeit zurückgehen, die für die Entwicklung dieser Göttin von immenser Wichtigkeit sind.[10] Diese kulturelle und religiöse

[6] Manfred Görg, Mythos und Mythologie. Studien zur Religionsgeschichte und Theologie, München 2010, 309.

[7] Hans Bonnet nennt in seinem Werk den Titel ›Gottesmutter‹ für Isis; siehe Hans Bonnet, Lexikon der ägyptischen Religionsgeschichte, Berlin 1952, 328. Dieses Lexikon wurde 1972 und 1999 unverändert neu aufgelegt; außerdem Lucia Langener, Isis lactans – Maria lactans. Untersuchungen zur koptischen Ikonographie, Altenberge 1996.

[8] Vgl. Görg, Mythos, 308.

[9] Einen Einblick in die aktuelle Isis-Forschung bietet Svenja Nagel, Isis – zwischen Ägypten und Rom – Man jubelt dir zu in jedem Land. Die Entwicklung und Ausbreitung des Isis-Kults, in: Antike Welt, 44/6 (2013), 10–15.

[10] Vgl. Schroer/Keel, Eva, 19. Sehr interessant in diesem Zusammenhang sind außerdem feministisch-theologische Perspektiven; siehe Rosemary Radford-Ruether, Frauenbilder – Gottesbilder. Feministische

Entwicklung zu erläutern, die sich im Alten Orient über Jahrhunderte ereignete, würde an dieser Stelle den Rahmen sprengen. Deshalb werden Darstellungen zur Entwicklung von Frauen- und Göttinnen-Idolen nur am Rande einfließen.

Die Göttin Isis, die von den Anfängen ihrer Verehrung bis zur Begegnung mit marianischen Ideen lange Zeit überdauerte, vereint in ihrer Gestalt viele Aspekte dieser weiblichen Göttlichkeit, die der Alte Orient kannte. So kann sie exemplarisch für diese interessante Entwicklung behandelt werden.

II. Die Göttin Isis in ihrer Zeit: Kultur- und Religionslandschaft des Alten Ägyptens

Die ägyptischen Götter und damit auch die Göttin Isis entstammen polytheistischen Religionen. Aufgrund der Vielfalt religiöser Kulte und Praktiken kann nicht von einer ägyptischen Religion gesprochen werden.[11] Vielmehr gab es wohl eine Vielzahl an verschiedenen, aber auch sich ähnelnden Strömungen religiöser Praxis, die in Volksfrömmigkeit und Tempelkulten ihren Ausdruck fand. Die Vielzahl an Göttern und Gottheiten ist nur ein Merkmal der ägyptischen Religionen, die sich immer in Veränderung befanden.

Um einige der besonders populären Götter ranken sich Geschichten und Mythen, aus denen sich Merkmale der Götter des alten Ägyptens ableiten lassen. So konnten ägyptische Götter altern (Sonnengott), sie konnten sich verletzen und sterben (Osiris, Osiris-Mythos), sich aber auch verjüngen und wiedergeboren werden.[12] Auch die Kategorie der Ewigkeit ist für die ägyptischen Götter kein selbstverständliches Attribut, sondern ist durch Leben und Tod beeinflusst.

Ein weiteres Merkmal der Götter des Alten Ägyptens ist ihre Darstellbarkeit. Götter und Gottheiten konnten und wurden auf unterschiedlichste und sehr vielfältige Art und Weise abgebildet. Dies war kein Spezifikum der ägyptischen Religionen. Auch in den Religionen des Nahen Ostens und Mesopotamiens kannte man zu dieser Zeit Gottesdarstellungen.[13] Aber als prägendes Charakteristikum für die ägyptische Religiosität und natürlich für die folgenden Untersu-

Erfahrungen in religionsgeschichtlichen Texten, Gütersloh 1987, besonders: 19–28 und 35–39; Dies., Maria – Kirche in weiblicher Gestalt, München 1980, besonders: 17–23.

[11] Vgl. Christiane Zivie-Coche/Francoise Dunand, Die Religionen des Alten Ägypten, Stuttgart 2013, 13.

[12] Vgl. Zivie-Coche, Religionen, 13.

[13] Vgl. a. a. O.

chungen ist die Abbildbarkeit der Gottheiten und insbesondere die Fülle der Isis-Abbildungen eine wichtige Komponente.

Die Entwicklung der die Göttin Isis beheimatenden Kultur in Ägypten war durch natürliche Gegebenheiten bedingt und wurde von ihnen entscheidend geprägt. Der Nil und das durch ihn fruchtbar gewordene Land bargen die Voraussetzung der Besiedelung in sich. Das Leben im Niltal wurde also zu einer »fruchtbaren Keimzelle«[14] für die Entwicklung von Kultur und Religion. Aber das Land, durch das der Nil fließt, ist entscheidend geprägt durch das Zusammenspiel von Wasser und Wüste, Fruchtbarkeit und Dürre. Der Kreislauf von Leben und Tod ist im Landschaftsbild allgegenwärtig.

Diese direkte Erfahrung von »Werden und Vergehen«[15], die in der Landschaft bemerkbar ist, ist ebenso für die Menschen- und Götterwelt gültig. Pflanzliches, tierisches und damit auch menschliches Vergehen stehen in dieser Umwelt in einem engen Sinnzusammenhang, in dem der Mensch nicht notwendigerweise eine herausgerückte oder übergeordnete Position einnimmt. Tiere und Pflanzen rücken so selbstverständlich in die kulturelle und religiöse Vorstellungswelt der Ägypter hinein.

Auch die Götter und Göttinnen sind durch diesen Moment des stetigen Wandels betroffen. Wie schon erwähnt, werden sie nicht immer als unsterblich wahrgenommen und können von ›menschlich-irdischen‹ Schicksalsschlägen betroffen sein: Isis verliert ihren Ehemann und trauert lange um ihn, transformiert diesen Verlust dann aber in die Wiederbelebung des Osiris. So symbolisiert Isis im Besonderen den Kreislauf von Vergehen und Neuwerden und gewinnt auch dadurch an umfassender Bedeutung.

Für die ägyptische Religiosität war es also möglich, immanente Gefühle, Situationen und Konflikte in die transzendente Welt einzubauen und immer wieder erneut einfließen zu lassen. Dieses Phänomen wurde auf eine mystisch-erzählerische Art und Weise umgesetzt und tradiert.

[14] Manfred Görg, Religionen in der Umwelt des Alten Testaments III: Ägyptische Religion. Wurzeln – Wege – Wirkungen, Stuttgart 2007, 13.
[15] Görg, Ägyptische Religion, 14.

III. Der Isis-Kult

Der Beginn und die frühe Entstehung der Isis-Verehrung liegen im Dunkeln. Über ihren Namen können aber Funktion und Bedeutung dieser Göttin abgeleitet werden.

Der Name ›Isis‹ wird häufig von der ägyptischen Bezeichnung für den Thron oder den Thronsitz (jst) abgeleitet.[16] Diese Vermutung wird einerseits auf eine sprachliche Assoziation zurückgeführt und andererseits an ikonographischen Beobachtungen festgemacht, die zeigen, dass Isis schon in frühesten Darstellungen mit dem Thronzeichen auf dem Kopf abgebildet wird.

Deshalb wird vermutet, dass Isis ursprünglich die Verkörperung des Thronsitzes darstellte und so in besonders enger Verbindung zum König, als dessen Mutter sie gilt, steht.[17] Das Thronen bezeichnet in der bildsprachlichen Vorstellungsgeschichte außerdem eine erhabene Position und deutet so auf die Stellung der Isis als Königinnengöttin hin.

Zur Zeit des Neuen Reiches wird Isis eng mit der Göttin Hathor in Verbindung gebracht. So erklärt man sich auch die Darstellungen, die Isis mit dem für Hathor typischen Kopfschmuck, den Kuhhörnern mit der Sonnenscheibe, zeigen.[18]

Früheste Hinweise auf eine Rollenbestimmung der Isis finden sich in den sogenannten Pyramidentexten des Alten Reiches.[19] Diese Textgattung beschreibt und sichert die Weiterexistenz der verstorbenen Pharaonen im Jenseits. Isis tritt hier als Förderin der Transformation in ein neues Leben auf.

Der sogenannte Osiris-Mythos, dessen ältere Fassung ebenfalls auf Pyramidentexte zurückgeht und dessen neuere Fassung von Plutarch verfasst ist, berichtet ebenfalls von der Göttin Isis. In dieser mythologischen Erzählung wird berichtet, dass Isis aus dem Samen von Osiris, der von seinem Bruder Seth getötet wurde, Horus zur Welt bringt, der als Erneuerer des irdischen Königtums bezeichnet wird.

Isis ist also die göttliche Instanz, die »sowohl eine kosmische wie auch eine

---

[16] Vgl. a. a. O.
[17] Vgl. Manfred Lurker, Götter und Symbole der Alten Ägypter, Bern 1974, 93; vgl. Svenja Nagel, Una quae est omnia. Gesichter der Isis zwischen Ägypten und Rom, in: Imperium der Götter. Isis – Mithras – Christus. Kulte und Religionen im Römischen Reich, Katalog zur Ausstellung im Badischen Landesmuseum Karlsruhe, Karlsruhe/Darmstadt 2013, 140–147.
[18] Vgl. Lurker, Götter, 94. Zur Veranschaulichung siehe Abb. 1 und 2.
[19] Vgl. Görg, Mythos, 310.

irdisch-politische Regeneration garantiert«[20]. Sie steht als »Inbegriff der totalen, für das Diesseits und das Jenseits relevanten, Erneuerung des Lebens«[21]. Auf dieser Darstellung aufbauend entwickelt Isis sich zu einer Art Urmutter und Königin der kosmisch-göttlichen und auch der irdischen Welt. Das Motiv der Urmutter aufnehmend wird Isis im Neuen Reich als Patronin der Lebenswelt und der Schutzsuchenden verehrt, die durch ihre grenzenlose Zaubermacht Übel von den Menschen abwehren kann. So ist Isis Göttin, Königin, Königsmutter und Königsgemahlin. Ihre mythologischen Hoheitstitel verdeutlichen die vielfältigen Bilder, die es von Isis gab: Tochter des Sonnengottes, Schwester und Gattin des Osiris, Mutter des Horus, Herrin des Himmels und der Erde.[22] Trotzdem kann nicht davon ausgegangen werden, dass alle Verehrungsformen heute bekannt sind.

Eine besonders auffällige Art der Darstellung, die auch für diese Untersuchung von größter Bedeutung ist, ist die der Isis als Mutter.[23]

IV. Ikonographische Darstellungsformen der Göttin Isis[24]

Die archäologischen Funde, die die Göttin Isis darstellen, sind sehr vielfältig. Die Abbildung 1 zeigt ein Amulett der Göttin Isis. Sie sitzt auf einem würfelförmigen Thron und trägt unter ihrem typischen Kopfschmuck (Kuhhörner mit Sonnenscheibe) eine Perücke mit langen Strähnen. In ihrem Schoß ist ein Kind (Horus) zu erkennen, dem sie mit der rechten Hand die linke Brust gibt. Das Amulett ist mit einer blau-grünen Glasur überzogen. Es stammt vermutlich aus der Zeit zwischen 1069 und 656 v. Chr. Sein Herkunftsland ist Ägypten.[25]

---

[20] Görg, Mythos, 310.
[21] A. a. O.
[22] Vgl. a. a. O.
[23] Zur Veranschaulichung siehe z. B. Abb. 1 und 2.
[24] Die Abbildungen, auf die hier Bezug genommen wird, sind dem schon zitierten Katalog von Schroer/Keel entnommen.
[25] Vgl. Schroer/Keel, Eva, 262.

Abbildung 1: Amulett einer stillenden Isis, Ägypten 1069–656 v. Chr., Freiburg/Schweiz, Sammlungen Bibel & Orient

Abbildung 2: Isis schützt mit ihren Flügeln den toten Osiris, Ägypten, 664–30 v. Chr., Berlin, Ägyptisches Museum[26]

Diese Art der Darstellung der sitzenden Göttin mit dem Kind auf dem Schoß wird als *Isis lactans*[27], die stillende Isis, bezeichnet. Dieses Motiv leitet sich von zahlreichen altägyptischen und altorientalischen Darstellungen stillender Frauen

---

[26] Dieses Motiv, das die Göttin Isis in schützender Sorge um ihren Mann Osiris zeigt, stellt neben dem Stillen des Horuskindes die zweite wichtige Konstellation der Isis in der Spätzeit dar. Isis und Osiris sind an ihrem Kopfschmuck und anderen Ausstattungsmerkmalen zu identifizieren. Isis und die Standplatte sind aus einem Stück gefertigt, wohingegen Osiris mithilfe eines Sockels auf der Platte befestigt ist.

[27] Vgl. a. a. O.

ab. Die ältesten reichen in Ägypten bis in die 5. Dynastie (2500–2350 v. Chr.) zurück und zeigen höchstwahrscheinlich Szenen aus dem Alltagsleben.[28]

Aus dieser Zeit stammen auch die ältesten Funde einer Göttin, die den stehenden Pharao stillt. Dieses Motiv wird allgemein als Demonstration des göttlichen Machtanspruchs des Pharao gewertet, der so als Sohn der Götter inszeniert wird.

Isis erscheint zuerst deutlich erkennbar in der Zeit der 19. Dynastie, den Pharao Ramses stillend. Hier zeigt sich also eine Motivübertragung auf Isis. Ebenfalls aus dieser Zeit stammen erste Funde, die Isis explizit mit Horus zeigen.

Populär wird die Isis-Darstellung in der Zeit der 25.–26. Dynastie, was die Fülle der Funde aus dieser Zeit belegt.

Mit Zunahme der Isis-Verehrung sind vor allem volksnahe und volkstümliche Kulte entstanden, in denen die stillende Gottesmutter im Mittelpunkt stand. Davon zeugen Bronzegüsse der Isis mit Horus auf dem Schoß, die als Exemplare im Miniaturformat gefunden wurden.[29] Man vermutet, dass diese Figuren als Stiftungen und Weihgaben in Tempeln verwendet oder auch zur Verehrung im privaten, häuslichen Bereich genutzt wurden.[30] Die Abbildungen 1, 3 und 4 zeigen Amulette oder Figuren, die höchstwahrscheinlich als Weihgaben in Tempeln verwendet wurden.

Abbildung 3: Skarabäus mit thronender Isis, die den Horusknaben hält, evtl. Tharros auf Sardinien, ca. 500–350 v. Chr., Freiburg/Schweiz, Privatsammlung

---

[28] Vgl. a. a. O.
[29] Vgl. Görg, Mythos, 310.
[30] Vgl. a. a. O.

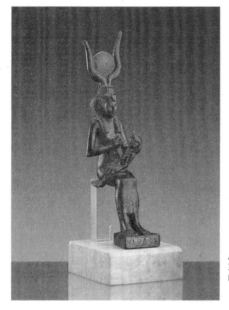

Abbildung 4: Figur der stillenden Isis, Ägypten, 306–30 v. Chr., Freiburg/Schweiz, Sammlungen Bibel & Orient[31]

Diese Art des Kultes deutet auf eine stark ausgeprägte Volksfrömmigkeit hin, deren Entwicklung komplementär oder auch konkurrierend zum Tempelkult verlaufen sein mag.[32]

Bronzegüsse und Amulette der Isis sind zu dieser Zeit nach Palästina gelangt. Diese weit verbreitete Art der Verehrung, die fester Bestandteil der religiösen Landschaft gewesen zu sein scheint, diente später zur Ausbreitung des Christentums. Ein Grund für die schnelle Verbreitung des christlichen Glaubens in der ägyptischen Welt wird in der fest verankerten Volksfrömmigkeit der Ägypter gesucht, die immer stärker losgelöst vom Staat praktiziert wurde und somit offen war für neue, fremde Einflüsse.[33]

Besonders auffällig ist die Darstellungsform der Isis als Mutter des Horus in der Zeit des Neuen Reiches bis in die späteste Zeit des Alten Ägyptens hinein.[34] In ägyptischen Tempelbauten des Neuen Reiches finden sich Darstellungen von

---

[31] Die Inschrift auf dem Sockel deutet an, dass diese Figur wahrscheinlich als Weihgabe als Bitte um eine glückliche Mutterschaft in einem Tempel gestiftet wurde.
[32] Vgl. a. a. O.
[33] Vgl. a. a. O.
[34] Vgl. a. a. O.

Empfängnis und Geburt des Horus. Da Horus auch als Erneuerer des irdischen Königtums gilt, wird Isis so zur Gottes- und Königinnenmutter. In späterer Zeit finden sich dann Darstellungen, die belegen, dass Isis als Göttin und als göttliche Mutter der gottgleichen Pharaonen verehrt wurde.

So steht Isis immer in Beziehung zur Doppelnatur des Pharao, der einerseits Mensch und andererseits Gott ist. Als Mensch ist der ägyptische Herrscher eingeordnet in die menschliche Umwelt mit allen Vor- und Nachteilen und ist ebenso wie seine Mitmenschen auf den Beistand der Götter angewiesen. Andererseits gilt er als Inkarnation des Horus und wird seit dem Alten Reich als ›Sohn Gottes‹ betitelt. In dieser engen Beziehung mit Horus stehend wird der Pharao auch als Sohn der Isis verstanden und hat damit Anteil an der göttlichen Sphäre.[35]

Die Isis-Verehrung reicht in Italien bis in das 6. Jahrhundert n. Chr. und in Deutschland bis in das 4. Jahrhundert n. Chr. hinein. Das Wallfahrtsheiligtum in Philae in Oberägypten wurde bis in die byzantinische Zeit hinein aufgesucht. Erst in justinianischer Zeit wurde die Isis-Verehrung dort vom christlichen Marienkult abgelöst.[36] Dieses Phänomen lässt sich auch für andere Wallfahrtsorte oder Kultstätten, die der Göttin Isis gewidmet waren, nachweisen. Auch die Tempel von Dendera in Ägypten wurden zu Marienkultorten umfunktioniert, indem eine Kirche in die Mitte der beiden Tempel gebaut wurde.[37] Auch hier tritt die Marienverehrung unmittelbar die Nachfolge des Isis-Kultes an.

Abbildung 5: Stillende Frau in der Tradition der Isis, Fajjum, Ägypten, 4. Jahrhundert. n. Chr., Berlin[38]

[35] Vgl. Görg, Mythos, 311.
[36] Vgl a. a. O.
[37] Vgl a. a. O.
[38] Auf diesem Grabstein reicht eine junge Frau in der Tradition der Isis-Darstellungen mit der rechten Hand dem Kind auf ihrem Schoß die linke Brust. Die beiden Kreuze links und rechts des Kopfes bedeuten entweder, dass es sich um eine jung verstorbene Frau handelt oder aber um eine Darstellung Marias.

V. Jungfrau, Königin und Schutzpatronin – Isis und Maria in der Volksfrömmigkeit

Die teilweise schon angeklungenen Überschneidungen und Gemeinsamkeiten zwischen Isis und Maria betreffen vor allem drei Bereiche. Es lassen sich Hinweise auf ihre Nähe in Aspekten der Ikonographie, des Kultes und ihrer Bedeutung für die Frömmigkeit finden.

Grundlage für alle weiteren Untersuchungen zu Isis und Maria bilden die archäologischen Funde von Amuletten, Kultgegenständen und Statuen, die als ikonographische Basis dienen.

Besonders deutlich werden Ähnlichkeiten zwischen Isis und Maria in den Betitelungen, mit denen beide umschrieben und dargestellt werden. So werden ihnen bestimmte Titel attribuiert, die sie charakterisieren und ihnen bestimmte Aufgaben und Fähigkeiten zuordnen.

Ein Titel, der besonders für die Mariologie von großer Wichtigkeit ist, ist die Bezeichnung der ›*Jungfrau*‹. Im Zusammenhang mit Maria wird der Titel in der Regel auf die neutestamentlichen Kindheitsgeschichten im Matthäus- und Lukasevangelium zurückgeführt.[39] Mit dieser Bezeichnung Marias wird eine Gestalt konstruiert, die biologische Differenzierungen hinter sich lässt und einer Grundkategorie des Paradoxen folgt.[40] Maria ist gleichzeitig Jungfrau und Mutter, sie kann Mutter dessen sein, der Gott ist.

Für die Göttin Isis taucht diese Betitelung in Sargtexten und Tempelinschriften wiederholt auf. Für eine theologische Bildsprache ist dieser Aspekt typisch: Trotz mythologischer Bindung an Osiris und trotz ihrer Mutterschaft mit Horus ist der Titel Jungfrau möglich. Isis kann in diesem Zusammenhang als eine »mythische Konstellation«[41] bezeichnet werden, die Widersprüche »auf natürlicher Ebene aufhebt«[42].

Der nächste Titel, der für Isis und Maria angewendet wird, ist die Bezeichnung der ›*Allherrscherin*‹. Dieser Titel taucht oft in Verbindung mit zahlreichen und vielfältigen Attributen und Patronaten auf: Herrscherin über das Land oder die Meere, Universalherrscherin und Schutzherrin der Erde. Über die Jahrhunderte der Verehrung von Isis und Maria hinweg haben sich die Aspekte und Be-

---

[39] Vgl. a. a. O. 313.
[40] Vgl. Jaroslav Pelikan, Maria. 2000 Jahre in Religion, Kultur und Geschichte, Freiburg 1990, 63.
[41] Görg, Mythos, 313.
[42] A. a. O.

reiche, über die sich die Herrschaft der jeweiligen Person ausdehnte, verändert. Es wird allerdings deutlich, dass sich die Idee eines Herrschaftsanspruchs von Isis und Maria in den religiösen Überzeugungen der Menschen verfestigt hat. Isis ist zur Schutzgöttin und seit dem 2./1. Jahrhundert v. Chr. schließlich auch zur Universalgöttin aufgestiegen.[43] Als eine Göttin mit Herrscheranspruch über die göttlich-kosmische Ebene und auch über die irdische Welt ist sie omnipräsent. Diese Allgegenwärtigkeit birgt eine hohe Partizipationsmöglichkeit für viele Menschen in verschiedenen Lebenslagen. So entwickelt sich Isis zu einer Göttin mit starkem Potenzial für Teilhabe und Anrufbarkeit.

Diese Universalität wird besonders deutlich in den Offenbarungsreden der Isis, in denen ihre Kompetenzen dargestellt werden.[44] Isis wird hier als zuständig für die Erhaltung der Rechtsordnung beschrieben, als Patronin ethischer Grundsätze, aber in römischer Zeit auch als Herrin über das Meer und Patronin der Schifffahrt.[45] In der Zuordnung dieser maritimen Attribute wird der griechisch-hellenistische Einfluss auf das römische Bild der Isis deutlich. Außerdem lässt sich hier eine gerade Linie zur Marienverehrung ziehen, die in der hellenistischen Welt ebenfalls als Herrin über das Meer bezeichnet wurde. Auch die universale Kompetenz und die Fürsorglichkeit für das Alltagsleben der Menschen sind Attribute, die Maria ebenfalls auszeichnen. Auch bei ihr wird so die Vielseitigkeit ihrer Anrufbarkeit deutlich.

Eine weitere wichtige Aufgabe, die Isis und Maria miteinander verbindet, ist die der *Schutzpatronin*.

Maria wird in ihrer Fürsorglichkeit für Christus als Mutter stilisiert und im Zuge ihrer Universalisierung somit schnell auch als Mutter aller Bedürftigen. Schon Isis wurde mit ihrer Trauer über den sterbenden Bruder und Ehemann Osiris zur Schutzherrin für die Trauernden und Notleidenden.[46] Ob sie nun als eine »Wegbereiterin der Pieta«[47] angesehen werden kann oder ob eine solche Zuordnung zu weit greift, mag an dieser Stelle ungeklärt bleiben. Ein wichtiges und entscheidendes Charakteristikum der Isis als Göttin ist in jedem Fall der Bereich der Tröstung, der Zuwendung und der Güte.

Besonders im Titel der Schutzpatronin wird die Bedeutung beider Gestalten

---

[43] Vgl. a. a. O. 314.
[44] Vgl. a. a. O.
[45] Vgl. a. a. O.
[46] Zur Veranschaulichung siehe Abb. 2.
[47] Görg, Mythos, 315; vgl. dazu ebenfalls Jan Assmann, Tod und Jenseits im Alten Ägypten, München 2001, 190.

für die Volksfrömmigkeit deutlich. Als Beschützerinnen von Menschen in Not-, Leid- und Trauersituationen sind sie für jeden Menschen in einer derartigen Situation in das eigene religiöse Leben integrierbar. Die Universalität dieses Aufgabenbereichs büßt durch die individuelle Situation der Anrufung nichts an Persönlichkeit und Intimität ein. Die Zielgruppe beider Gestalten sind also potenziell alle Menschen, auch wenn für Maria als Schwerpunkt eine weibliche Anhängerschaft in den Mittelpunkt gerückt werden kann.

Eine besonders spezifische und traditionelle Art, von Maria zu sprechen, liegt in der Kategorie der Gottesgebärerin. Mariologisch war diese Bezeichnung Marias lange umstritten, und ihre Entstehung liegt immer noch im Dunkeln.

Erste Belege kommen aus Alexandria und tauchen in den Enzykliken des Alexander auf.[48] Weitere Hinweise deuten darauf hin, dass der Titel so oder in anderer Form in der Volksfrömmigkeit der Gegend um Alexandrien beliebt war und gebraucht wurde. Lange ging die Forschung davon aus, dass der Begriff *theotokos* eine genuin christliche Bezeichnung war, und auch heute werden Meinungen dieser Art vertreten.[49] Aber die Stimmen werden lauter, die Verbindungen und Einflüsse anderer Religionen und Kulturen deutlicher sehen und berücksichtigen.

Welche Bedeutung hat dieser Titel nun aber für die Sicht auf Maria?

Der griechische Begriff *theotokos* ist ungenau wiedergegeben, wenn von der ›Mutter Gottes‹ gesprochen wird. Vielmehr muss präziser ›diejenige, die Gott (den, der Gott ist), geboren hat‹ übersetzt werden. Diese Übersetzung gibt mehr Spielraum für verschiedene Interpretationen der Rolle Marias.

Eine biologisch konnotierte Sichtweise auf Maria als ›Mutter Gottes‹, als menschliche Mutter Jesu und Jungfrau wirft eine nur schwer einzuholende Paradoxie auf.[50] Der Ausdruck ›Gott im Herzen gebären‹ hat theologisch eine lange Tradition und legt den Schwerpunkt mehr auf am ehesten mystisch zu nennende Vorstellungen. Damit ist nicht nur der biologische Vorgang des Gebärens gemeint, sondern auch ein geistiger Prozess.[51] Maria wird als diejenige Person der neutestamentlichen Geschichten gesehen, die Jesus und seine Botschaft vollständig angenommen hat. Sie ist durch ihn zu großem Glauben gekommen, der durch keinen Zweifel (im Gegensatz zu vielen Aussagen über die Jünger) verunsichert

---

[48] Vgl. Pelikan, Maria, 65.
[49] Pelikan räumt in seinem Werk Maria zwar ein, dass es eventuell Vorbilder in anderen Religionen gegeben haben mag, dies aber in keiner Weise wissenschaftlich zu belegen sei (vgl. Pelikan, Maria, 66).
[50] Vgl. a. a. O. 63.
[51] Vgl. a. a. O.

wird. So setzt sich die Vorstellung durch, Maria habe Christus im Geist oder im Herzen geboren und gebiert ihn dort immer wieder. Hier spielt ein starker Wunsch der vollständigen Verinnerlichung Jesu Christi eine große Rolle.

VI. Maria als Figur der kulturellen und religiösen Abgrenzung – der Streit um den Titel *theotokos*

Die vorliegende Untersuchung konzentriert sich in ihrer Ausrichtung auf die Anfänge der Marienverehrung und legt einen klaren Fokus auf die Gemeinsamkeiten zwischen der Verehrung von frühen ägyptischen Göttinnen wie Isis und der beginnenden Marienfrömmigkeit. Dabei liegt der Schwerpunkt also deutlich auf den verbindenden Elementen zwischen beiden Phänomenen und religiösen Gestalten. Um aber auch trennende Elemente deutlich werden zu lassen, soll in diesem Exkurs ein früher Versuch geschildert werden, die Figur Maria und ihre Verehrung aus ihrem geschichtlich-kulturell-interreligiösen Kontext zu lösen und aus der Nähe zu anderen Religionen fernzuhalten.

Dieses Bestreben ist eingebettet in eine der wichtigsten Streitigkeiten der Alten Kirche: Der Nestorianische Streit (428–433 n. Chr.).[52] In diesem zunächst regionalen Konflikt konstantinopolitanischer Theologen ging es um die Bezeichnung Marias als *theotokos*. Der Theologe Nestorius machte den Vorschlag, Maria nicht *theotokos*, sondern *christotokos* zu nennen.[53] Damit wollte er den vermeintlich blasphemischen Eindruck verhindern, Maria habe als Mensch die göttliche Natur Christi geboren. Der Streit weitete sich aus, und Cyrill von Alexandrien sprach sich für die Beibehaltung des Titels *theotokos* aus. Dieser Meinung wurde zugestimmt, Nestorius verurteilt und die Bezeichnung Marias als *theotokos* auf dem Konzil von 431 n. Chr. als Dogma festgelegt.[54]

Im Nestorianischen Streit ging es vorrangig nicht um mariologische Fragen.[55] Die Frage, ob Maria als Gottesgebärerin oder Menschengebärerin gelten muss, ist ein Konflikt zwischen zwei verschiedenen christologischen Positionen. Als Resultat dieses Streits gewinnt die christliche Theologie die bedeutenden Positionen von der vollkommenen Personeinheit Jesu Christi und der Zwei-Naturen-

---

[52] Vgl. Wolf-Dieter Hauschild, Lehrbuch der Kirchen- und Dogmengeschichte, Bd. I, Gütersloh 2016, 179.
[53] Vgl. Pelikan, Maria, 64.
[54] Vgl. a. a. O.
[55] Vgl. Hauschild, Lehrbuch, 180.

Lehre.[56] Die Mariologie spielt keine übergeordnete Rolle, fungiert aber als Auslöser. Die Figur Maria und ihre Relevanz in der Volksfrömmigkeit nehmen die Rolle eines Katalysators für christologische Debatten ein.

Wichtig für die vorliegende Untersuchung ist vor allem ein Nebenschauplatz dieses Streits der altkirchlichen Theologie.

Nestorius begründet seine Forderung, Maria *christotokos* und nicht *theotokos* zu nennen, nämlich auch mit der Sorge, dass Maria mit diesem Titel in die Nähe von heidnischen Muttergottheiten gerückt werden könnte.[57] Wenn sie als Mutter eines Gottes bezeichnet werden würde, wäre die Assoziation von Göttinnen wie Isis oder griechischen Äquivalenten nicht mehr fern. Ein wichtiger Katalysator für die nestorianischen Bemühungen war sicherlich die tiefe Verwurzelung Marias in der Volksfrömmigkeit, die Einflüsse anderer Religionen und Kulturen überhaupt möglich machte.

Auch später wurden Bemühungen dieser Art weitergeführt: Johannes von Damaskus äußerte sich wenige Jahrhunderte später zur Praxis der Ikonenverehrung Marias.[58] Er machte deutlich, dass die Verehrung der Ikone Marias dieselbe nicht als Göttin verehre, wie es in anderen Religionen der Fall sei. Ihm war es wichtig, dass die Anbetung der Ikone Maria als *theotokos* versteht. So sollte Maria aus fremdreligiösen Kontexten herausgelöst werden.

Auch hier wird der Versuch der Abgrenzung Marias vom Einfluss anderer Religionen deutlich. Die Motivation für diesen Umgang mit Maria mag ihren Ursprung in den Entwicklungen des historischen Kontextes haben. Im 3., 4. und auch noch im 5. Jahrhundert n. Chr. befinden sich die Kirche und damit auch ihre Theologie in einer Phase der Orientierung, der Abgrenzung nach außen und der Bemühung, ihre neu gewonnene Stellung im Reich zu festigen.[59] Dabei pendelt das Christentum dieser Zeit zwischen Aufnahme und Integration ‚heidnischer' Bräuche und Riten und einer klaren Abgrenzung von diesen.

---

[56] Vgl. a. a. O.
[57] Vgl. Pelikan, Maria, 64.
[58] Vgl. Bernd Moeller, Geschichte des Christentums in Grundzügen, Göttingen 2011, 87.
[59] Vgl. Moeller, Christentum, 87.

Abbildung 6: Maria mit Kind,
Östlicher Mittelmeerraum,
6. Jahrhundert n. Chr.,
Britisches Museum[60]

Abbildung 7 (links): Maria als ›Sitz der Weisheit‹, Raron, Wallis, ca. 1170 n. Chr.,
Schweizerisches Landesmuseum, Zürich[61]

Abbildung 8: Junge Madonna mit Kind, Silenen, Uri, 1325–1350 n. Chr.,
Schweizerisches Landesmuseum, Zürich.[62]

---

[60] Maria und das Jesuskind werden auf dieser Elfenbeinschnitzerei durch die frontale Darstellung explizit ins Zentrum gerückt. Flankiert werden die beiden durch die drei Weisen und einen Engel. Die dominierende Rolle, die Maria auf dieser und ähnlichen Darstellungen einnimmt, geht auf die Erklärungen des Konzils von Ephesus (431 n. Chr.) zurück, an dem Maria zur Gottesgebärerin bestimmt worden war.

[61] Das größer dargestellte Jesuskind sitzt selbstständig und ohne Hilfe auf Marias Schoß, die wie ein lebendiger Thron fungiert und den Gottessohn seinen Verehrer/innen präsentiert. Die drei Weisen spielen anscheinend keine Rolle mehr und werden nicht mit dargestellt.

[62] Maria wird hier als junge Frau dargestellt. Interessant ist die Verschiebung des Kindes von der Mittelachse (siehe Abb. 7) auf die linke Seite. Die unproportioniert groß dargestellte Hand Marias kann als auf das Jesuskind hinweisende Geste verstanden werden oder als Gestus, der das Kind aus dem Zentrum auf die Seite rückt.

Zusammenfassend lässt sich festhalten, dass schon früh die Verwurzelung Marias in der Volksfrömmigkeit erkannt und kritisch aufgenommen wurde. Marias Popularität und Beliebtheit schon in der Zeit der Alten Kirche stellte die damaligen Theologen vor die Aufgabe, Maria und ihre Verehrung zu systematisieren und schließlich zu dogmatisieren. Dabei erwies sich die Gestalt der Maria als ein besonderes Beispiel für eine Transkulturation, in der die kulturelle Aneignung in der im besonderen Maße durch Ikonizität geprägte Volksfrömmigkeit eine besondere Rolle spielt.

Die Einflüsse anderer Religionen auf die Verehrung Marias und den Austausch, den es mit ihrer Gestalt im Mittelpunkt zwischen verschiedenen Kulten und Verehrungsformen gab, konnten nicht unterbunden werden.

VII. Isis und Maria – ein unvergleichbares Paar?

In mariologischen Vorstellungen verbinden sich Aspekte der Jungfrauengeburt mit Aspekten einer geistig-ideellen Geburt Jesu Christi, die sich in einer intensiven Frömmigkeit und einem tief empfundenen Glauben Marias äußern. Die Mutterschaft Marias und damit auch die Sicht auf sie als biblische Frau, Heilige und himmlisch-göttliche Gestalt haben also mehrere Ebenen. Vorstellungen dieser Art finden sich zu Isis nicht in dieser dezidiert theologischen Art und Weise.

Dabei muss aber beachtet werden, dass jede heutige Rede von und über Maria immer von einer jahrhundertelangen mariologischen Tradition geprägt ist. Wieviel davon in den Anfängen der Marienverehrung schon vorhanden war, lässt sich schwer sagen. Wenn frühe ikonographische Figuren oder Abbildungen Marias heute betrachtet werden, schwingen diese über lange Zeit entwickelten Traditionen und Vorstellungen natürlich mit. Eine derartige Sicht auf die Isis-Darstellungen ist nicht möglich und verhindert, zu einem klaren abschließenden Forschungsergebnis zu gelangen.

Was aber auf jeden Fall festgehalten werden kann, ist die Tatsache, dass der Begriff *theotokos* nicht gänzlich ohne den Einfluss der Darstellungen Marias mit dem Neugeborenen Christus auf dem Schoß entstanden sein wird. Da diese ikonographischen Darstellungen Marias höchstwahrscheinlich an pagane und religiöse Darstellungen von Frauen und Göttinnen anknüpfen, ist eine Verbindung schwer zu leugnen.

Indem die Titel, mit denen Isis und Maria bezeichnet wurden und werden, immer ein Produkt aus Zuschreibungen der Volksfrömmigkeit, Ausdruck von persönlichen Gebetsanrufen und systematisierten theologischen Attributen sind, schlagen sie eine Brücke zwischen der ikonographisch-kultischen Verehrung der Anfangsjahre Marias und Isis und ihren späteren Weiterentwicklungen.

Aufgrund der immensen Fülle und Vielseitigkeit der ikonographischen Darstellungsformen der Göttin Isis war ein großer Fundus an Darstellungsformen weiblicher Heiligkeit oder Göttlichkeit vorhanden. In der Zeit, in der Maria an Popularität gewann, nahm die weibliche Göttlichkeit in Form von Isis oder anderen Göttinnen bedeutende religiös-spirituelle Räume in der religiösen Landschaft dieses Kulturraumes ein. Dies kann als eine Ursache für die große ikonographische Verehrung Marias und die Vielzahl an Mariendarstellungen angesehen werden.

Auch Marias Beliebtheit in der privaten, persönlichen Religiosität und der Volksfrömmigkeit im Katholizismus, die sich bis heute aufrechterhalten hat, kann auf ihren Ursprung in der Volksfrömmigkeit Ägyptens zurückgeführt werden. Die Art und Weise, in der Göttinnen wie Isis verehrt wurden, wurde auf die Person Maria übertragen. Dabei ist als besonderer Aspekt die Mutterschaft beider Figuren zu nennen, die in der Volksfrömmigkeit als Symbol der Fruchtbarkeit, der Fürsorge und der Beschützerin gewertet wurde.

So oft und vielfältig sich das Marienbild über die Jahrhunderte auch gewandelt haben mag, ist doch festzustellen, dass die Art und Weise, in der sie verehrt wurde, auch auf die Berührung mit altägyptischer und hellenistischer Religiosität zurückgeht. Die intensive Verehrung in Kultstätten, denen eine besonders intensive Anwesenheit Marias nachgesagt wird, das Pilgern zu Marien-Wallfahrtsorten, ihre Anrufung im Gebet und die intensive ikonographische Darstellung sind Arten der religiösen Beschäftigung mit Maria, die bis heute nachwirken.

Die Göttin Isis als ›Göttin aller Göttinnen‹ hat sich in der Antike als »transkulturelles Konzept«[63] erwiesen, das die jeweiligen lokal vorherrschenden Gottheiten in sich integriert hat. Schon in antiken Texten wird Isis als die eine Göttin reflektiert, die mit den Namen aller anderen angerufen werden kann – auch über geografisch-kulturelle Grenzen hinweg.[64] Das Konzept von Göttlichkeit der Isis und ihrer Verehrung zeugt von einer besonderen Durchlässigkeit, die einen wechselseitigen Strom von Ideen und Konzepten ermöglichte.[65]

---

[63] Nagel, Isis, 161.
[64] Vgl. a. a. O.
[65] Vgl. a. a. O. 175.

Bei der Beschäftigung mit der Verehrung Marias als ›Gottesmutter‹ fallen eine große Wandelbarkeit und Vielfältigkeit ihrer Figur auf. Sie hat sich als anpassbar an kulturelle Veränderungen und menschliche Bedürfnisse erwiesen. Vielleicht eröffnet eben dieser Aspekt die Möglichkeit zur Aktualisierung des Marienbildes, um es immer wieder erneut für religiöse Bedürfnisse fruchtbar zu machen.

(Mia-Maria Fischer hat evangelische Theologie in Hamburg und Berlin studiert und promoviert derzeit im Bereich der systematischen Theologie in Bamberg. Ihre Dissertation beschäftigt sich mit dem Verhältnis von Aktivität und Passivität in körperbezogener Metaphorik bei Martin Luther und ist Teil eines interdisziplinären Forschungsprojekts des Evangelischen Studienwerks Villigst.)

ABSTRACT

Until now the biblical character Mary fascinates in its changeableness and its approachability. Her great popularity especially for private and personal religiousness presents itself in the versatile iconographic cult and in the variety of portrayals of Mary.

A possible origin of this phenomenon may lie in the people's religion of Ancient Egypt, especially in the various ways of cultic worship of the Egyptian goddess Isis. The overlap of competences is expressed in multiple ways of worship and portrayals, such as *Maria lactans* or temple cult.

Against this background the Egyptian Goddess Isis and the biblical character of Mary can be considered as examples for transculturation, a reciprocal exchange of religious ideas and concepts.

Schwarze Haut – Passagen zwischen Interkultureller Theologie und Skin-Studies

Grundlagen einer rassismuskritischen interkulturellen Theologie

Claudia Jahnel

1. Schwarze Haut hat Konjunktur

Schwarze Haut hat Konjunktur. In verschiedenen Genres des öffentlichen Lebens wird sie wieder Mittelpunkt von Debatten, mit unterschiedlichen politischen Konnotationen, aber mit einem deutlichen gemeinsamen Nenner: Schwarze Haut ist anders, different, verschieden. Genauer gesagt: Schwarze Haut ist ein Medium und die zentrale Materie, durch die Differenz, Andersheit und Fremdheit sowie Identität konstruiert werden.

»Black Panther«

Ein Beispiel zu Beginn: »*Black Panther*«! Anfang 2018 in Kinos weltweit gezeigt, schaffte es dieser von den Marvel Studios produzierte Film im Jahr 2018 auf Platz 2 der umsatzstärksten Filme. Black Panther gilt als erster schwarzer Superheld im Comic- und Kino-Universum von Marvel. Comicautor Stan Lee und Zeichner Jack Kirby haben ihn Mitte der 1960er Jahre geschaffen, in einer Zeit also, als der Kampf gegen Rassismus und die US-amerikanische Bürgerrechtsbewegung um Martin Luther King und Malcolm X ihren Höhepunkt erreichte, nur wenige Monate vor der Gründung der Black Panther Party. Der auf dem Comic basierende Film »Black Panther« wurde besonders von der afroamerikanischen Bevölkerung der USA, aber auch auf dem afrikanischen Kontinent frenetisch begrüßt. Zeitungen und Internetartikel weltweit deuten ihn als »Fanal der Hoffnung für Afrika« und »stolze Antwort auf Trumps ›Shithole‹«[1], als politische, kulturelle und mentalitätsgeschichtliche »Zeitenwende«, »ideologischen Befreiungsschlag« und »Mythos für die Zukunft der Menschheit«,[2] als Wiedererwachen des »Afrofuturismus«[3] à la Sun Ra und als Neubeginn der panafrikanischen Vision eines Edward Wilmot Blyden oder Marcus Garvey.[4] Black Panther ist eine »redemptive counter-mythology«, so Jelani Cobb. Der Film setze der europäischen Erfindung Afrikas als geschichts- und kulturloser Kontinent und der Grausamkeit des Sklavenhandels, dessen Folgen sich u. a. in der dissonanten Bindestrich-Identität von Afro-Amerikaner*Innen zeige, eine andere Erfindung‹ Afrikas und afrikanischer Identität gegenüber: »›Black Panther‹ […] exists in an invented nation in Africa, a continent that has been grappling with invented versions of itself ever since white men first declared it the ›dark continent‹ and set about plundering its people and its resource.«[5]

In diesen Jubel über die positive, handlungs- und zukunftsfähige Darstellung schwarzer Identität, Kultur und Geschichte mischen sich zahlreiche ambivalente und kritische Stimmen, meist von afroamerikanischer und afrikanischer Seite. Die nordamerikanische afrofuturistische Künstlerin Ingrid La Fleur etwa konstatiert: Der Film trage als »Black Utopia« und in der Darstellung Schwarzer als politischer Hauptakteure dazu bei, das Feuer der Imagination einer gerechteren Welt für die schwarze Bevölkerung in der afrikanischen Diaspora zu schüren. Er sei eine enorme Ermutigung für viele Menschen, die gegenwärtig mit neuem Aufwind in der Bewegung »Black Lives Matter« gegen anhaltende rassistische Strukturen kämpfen. Aber es gehe darum, Wakanda heute schon umzusetzen und dabei bestehende ungerechte Machtstrukturen nicht zu verschleiern: »Wakanda is the future location of innovation and hope, yet it exists now, in our

[1] Christian Buß, Das Drecksloch schlägt zurück. »Black Panther«-Euphorie in Afrika, Spiegel-Online, 17.2.2018, http://www.spiegel.de/kultur/kino/black-panther-a-1194042.html (10.1.2019).
[2] Andrian Kreye/Jens-Christian Rabe, Ein Mythos für die Zukunft der Menschheit, Süddeutsche Zeitung, 28.2.2018, https://www.sueddeutsche.de/kultur/black-panther-im-kino-ein-mythos-fuer-die-zukunft-der-menschheit-1.3880277 (10.1.2019).
[3] Devindra Hardawar, »Black Panther proves why Afrofuturism matters«, engadget, 15.2.2018, https://www.engadget.com/2018/02/15/black-panther-review/?guccounter=1 (10.1.2019).
[4] Joy Notoma, »Black Panther« Reminds Us Why Pan-Africanism is Still Important, Huffpost, 21.2.2018, https://www.huffingtonpost.com/entry/opinion-notoma-black-panther-africa_us_5a8d8bdee4b03414379c2b8a (10.1.2019); Rosemary A. Onyango, Echoes of Pan Africanism in Black Panther, in: Africology: The Journal of Pan African Studies 11, 9 (August 2018), 39–43.
[5] Jelani Cobb, »Black Panther and the Invention of »Africa«, in: The New Yorker, 18.2.2018, https://www.newyorker.com/news/daily-comment/black-panther-and-the-invention-of-africa (10.1.2019).

present reality. Nothing needs to change in order to access Wakanda except our consciousness.«[6]

Postkoloniale Theoretiker*Innen kritisieren, dass der Film in der Art und Weise, wie er schwarze Menschen bis in ihre Haut hinein, aber auch in ihrer traditionellen Kleidung als quasi »zweiter Haut«[7] der schwarzen Identität in Szene setze, eine »regressive, neokoloniale Vision Afrikas« konstruiere. Er wiederhole koloniale Exotismen, die – damals wie heute – den Anderen als Anderen, Fremden und in grauer Vorzeit Lebenden präsentieren.[8] Es sei ein Irrglaube zu meinen, dass die essentialistische Zur-Schau-Stellung einer wie auch immer gearteten schwarzen Identität eine erfolgreiche subversive Strategie sei, um die politischen Interessen von Menschen mit schwarzer Hautfarbe deutlicher zu Gehör zu bringen. »Black Panther« vertrete jedenfalls nicht das Anliegen der schwarzen Bevölkerung, so kommentiert die südafrikanische Theologin Alease A. Brown aus Stellenbosch, sondern folge den wirtschaftlichen Erfolgskriterien, denen jeder Hollywoodfilm folgen müsse. Blackness – Schwarzsein – sei im Rahmen von Hollywood, so Brown, nur dann erlaubt, wenn die Darstellung schwarzer Handlungsmacht die Gefühle und Werte Weißer nicht verletze und wenn bei allem gewünschten guten Aussehen der schwarzen Darsteller*Innen die schwarze Kultur am Ende eher als defizitär dargestellt werde. Black Panther gleiche daher einem »trojanischen Pferd«, denn hinter dem Anschein schwarzer Handlungsmacht und stolzer Identität stehe letztlich das schon von Frantz Fanon beschriebene Dilemma, dass sich Schwarzsein immer in Relation zum weißen Mann definiere.[9]

Schwarze Haut – schwarze Vernunft

In der Debatte um Black Panther wird immer wieder ein Philosoph zitiert, der in

---

[6] Ingrid LaFleur, Why Black Panther's Wakanda Is the Black Utopie We've Been Waiting For. Urspr. in: Yes! Magazine (7.2.2018), wieder veröffentlicht am 23.2.2018 auf der Homepage von LaFleur, http:// ingridlafleur.com/writing/?offset=1504616837591&reversePaginate=true (10.1.2019).

[7] Monika Glavac u. a. (Hg.), Second Skin. Körper, Kleidung, Religion, Göttingen 2013.

[8] Patrick Gathara, »Black Panther« offers a regressive, neocolonial vision of Africa, in: The Washington Post, 26.2.2018, https://www.washingtonpost.com/news/global-opinions/wp/2018/02/26/black-panther-offers-a-regressive-neocolonial-vision-of-africa/?noredirect=on&utm_term=.42cbc917431b (10.1.2019).

[9] Alease A. Brown, Africa: Black People Beware – Don't Let Black Panther Joy Mask Hollywood's Racism, The Conversation, 13.3.2018, http://allafrica.com/stories/201803130750.html (11.1.2019).

bemerkenswert öffentlichkeitswirksamer Weise das Thema »Schwarzsein« in den jüngeren philosophischen Diskurs eingespeist hat: der aus Kamerun stammende Achille Mbembe. Der Titel seiner Veröffentlichung »Kritik der schwarzen Vernunft«[10] spielt bewusst an auf Kants »Kritik der reinen Vernunft« bzw. »Kritik der praktischen Vernunft«. »Schwarz« steht in »schwarzer Vernunft« nicht einfach für eine Hautfarbe, sondern für eine Logik des Denkens, eine bestimmte Ordnung des Wissens, ein Dispositiv.

»Schwarze Vernunft« bezeichnet zum einen, so Mbembe ganz in Foucaultscher Terminologie, ein »Ensemble aus Diskursen wie auch Praktiken – die alltägliche Arbeit, die darin bestand, Formeln, Texte, Rituale zu erfinden, zu erzählen und zu wiederholen, und das alles mit dem Ziel, den Neger als Rassensubjekt und wildes Außenstehendes hervortreten zu lassen, das als solches moralisch abgewertet und praktisch instrumentalisiert werden konnte. Diesen ersten Text wollen wir das *westliche Bild des Negers* nennen.«[11]

Zum andern steht »schwarze Vernunft« bei Mbembe für ein bestimmtes »Selbstbewusstsein« bzw. für jene »Selbstdefinition« von afrikanisch-afroamerikanischer Seite, die ganz bewusst die eigene Andersheit unterstreiche und damit, *e contrario*, dieselbe westliche Logik fortsetze. Diese Fortschreibung, die in Léopold Sédar Senghor oder Edward Blyden berühmte Vorreiter hat, diene jedoch weniger der Bestätigung westlicher Überlegenheit, als vielmehr der Affirmation der eigenen Besonderheit. Sie hat, so Mbembe, einen *theologischen* Charakter: »Es geht darum, eine Geschichte zu schreiben, die den Nachfahren der Sklaven wieder die Möglichkeit eröffnet, zu Akteuren der Geschichte zu werden«. Die »schwarze« Geschichtsschreibung ist also ein »Akt moralischer Phantasie« mit dem Ziel, »den Übergang vom Status des Sklaven zu dem des *Bürgers wie die anderen* herbeizuführen«[12].

Mbembe diskutiert »Schwarzsein« somit primär als Teil von Kultur und als Resultat geschichtlicher Praktiken, insbesondere der Ausbeutung durch westlichen Kapitalismus. Diskursive kulturelle Praktiken haben hier jedoch längst nicht nur ideellen Charakter, sondern sind in globalen Ausbeutungsstrukturen in höchstem Maße materiell verankert. Der Philosoph geht sogar so weit zu behaupten, dass letztlich jede/r, der oder die wie einst der oder die »Schwarze« ausgebeutet und versklavt wird, ein »Neger«, eine »Negerin« sei und dass angesichts

---

[10] Achille Mbembe, Kritik der schwarzen Vernunft, Berlin 2014.
[11] Mbembe, Kritik, 63.
[12] Mbembe, Kritik, 65.

der globalen neoliberalen Weltwirtschaft heute ein »Schwarzwerden der Welt« befürchtet werden müsse.[13]

»Schwarze Haut« als biologische Erscheinung und als Projektionsfläche von Biologisierungen der Rasse spielt bei Mbembe insofern einer zentrale Rolle, als es gerade die materielle Haut – genauer: die Hautfarbe – ist, die heute wieder verstärkt Rassismus und Gewalt gegen schwarze Bevölkerungsgruppen auf sich ziehe: »Aufgrund der Globalisierungsprozesse und ihrer allenthalben zu verzeichnenden widersprüchlichen Auswirkungen bricht allerdings die Rassenlogik erneut in das zeitgenössische Bewusstsein ein. Fast überall fabriziert man inzwischen wieder Rassensubjekte.«[14]

Schwarze Theologie

Dieses Wiederaufleben rassistischer Abwertungen und Übergriffe lässt sich auch an der Tatsache beobachten, dass die sogenannte »Schwarze Theologie«, um die es Ende des 20. Jahrhunderts etwas ruhiger geworden war, seit dem 21. Jahrhundert wieder eine rege Publikationstätigkeit aufgenommen hat. Beispielhaft hierfür ist die jüngste und letzte Veröffentlichung des in den Jahren der schwarzen Bürgerrechtsbewegung in den USA berühmtesten Vertreters der Schwarzen Theologie, James Hal Cone. In »The Cross and the Lynching Tree«[15] aus dem Jahr 2011 analysiert Cone die Ursachen und das Anhalten rassistischer Gewalt in Nordamerika – der *lynching tree* steht für die Lynchjustiz, der mehr als 5000 Afro-Amerikaner*Innen in den Jahren zwischen 1880 und 1940 zum Opfer fielen. Gleichzeitig stellte und stellt das Kreuz inmitten dieser Erfahrungen rassistischer Gewalt ein zentrales Symbol der Hoffnung dar, das die Spiritualität afroamerikanischer Christ*Innen anhaltend prägt.

Die Veröffentlichung zeigt paradigmatisch einen Fokuswechsel innerhalb der Schwarzen Theologie. Anders als in den achtziger Jahren des letzten Jahrhunderts, in denen Emanzipation und »schwarzes« Bewusstsein dominierten, liegt der Schwerpunkt in jüngerer Zeit auf der Analyse tief verwurzelter, rassistischer

---

[13] Mbembe, Kritik, 325.
[14] Mbembe, Kritik, 47f.
[15] James H. Cone, The Cross and the Lynching Tree, Maryknoll 2011.

Praktiken und ihrer ideologischen Wurzeln und gesellschaftlichen wie theologischen Bedingungsfaktoren:[16]

> »Black Theology is committed to challenging the systematic frameworks that asset particular practices and ideas as being normative, usually governed and sanctioned by the powerful, whilst ignoring the claims of those who are marginalized«.

Warum, so lassen diese Entwicklungen fragen, ist es immer wieder, immer noch und schon wieder die Hautfarbe, an der sich rassistische Diskriminierung und Gewalt entzünden? Diese Frage wird im Folgenden im Spiegel kulturwissenschaftlicher Studien zum Phänomen der schwarzen Haut und der Haut überhaupt beleuchtet werden. Die Frage ist aber auch eine eminent theologische Frage. Sie betrifft die theologische Anthropologie, einschließlich der Fragen nach Vulnerabilität, Körperlichkeit und Leiblichkeit, sowie die theologische Ethik, und stellt die Forderung nach einer rassismuskritischen Ethik auf. Sie berührt aber auch die Hermeneutik, wie gerade die Schwarze Theologie immer wieder betont hat. Es gilt die bekannte ursprünglich primär feministisch auf die Situation von Frauen ausgerichtete Hermeneutik des Verdachts von Elisabeth Schüssler-Fiorenza weiter zu fassen und Unterdrückungsstrukturen und Befreiungserfahrungen in der Bibel, der christlichen Tradition und Praxis und in der Gesellschaft nicht nur mit Blick auf die Situation der Frau aufzuspüren, sondern sehr viel grundsätzlicher.[17] Die auf der Hautfarbe basierenden Othering- und Rassismusdiskurse fordern die Theologie dazu auf, zu prüfen, ob und wie sie dazu beigetragen hat, den oder die »Andere« zur »Anderen« zu machen.

Es geht also darum, die kultur- und geisteswissenschaftlichen und damit auch theologischen Hintergründe zu erforschen, die eine »»Orientologie‹ der Glaubensüberzeugungen und Praktiken anderer Kulturen geschaffen« haben.[18] Diese rassismuskritische Erforschung kann sinnvoller Weise nur im Verbund mit verschiedenen wissenschaftlichen Disziplinen geschehen, denn gerade die Konstruktion des Anderen als Anderem ist bereits im Verbund – im Ensemble verschiedener Diskurse und Praktiken – geschehen.

---

[16] Anthony G. Reddie, Black Theology, in: Chad Meister/James Beilby, The Routledge Companion to Modern Christian Thought, Abingdon 2013, 598–609, 605.

[17] Beispielhaft dafür Eske Wollrad, Weißsein im Widerspruch. Feministische Perspektiven auf Rassismus, Kultur und Religion, Königstein/Taunus 2005.

[18] Sandra Harding, Is Science Multicultural. Postcolonialisms, Feminisms, and Epistemologies, Bloomington, Indianapolis 1998, 56.

2. Interdisziplinäre Kulturstudien zur (schwarzen) Haut als Forschungsdesiderat Interkultureller Theologie

In den letzten Jahrzehnten wurde in verschiedenen Disziplinen viel Energie darauf verwendet, den mit der *Farbe* der Haut verbundenen rassistischen Normalisierungs- und Unterdrückungsdiskurs zu analysieren und kritisch aufzuarbeiten. Diese Untersuchungen reihen sich ein in das allgemeine Interesse am Körper, das auch und gerade viele kultur- und geisteswissenschaftliche Disziplinen heute berührt. Im Zentrum stehen oftmals dichotome Ordnungen wie die von Mann und Frau, schön und monströs, gesund und krank, und eben auch: weiß und schwarz.

Für die Erforschung interkultureller Dynamiken ist aber nicht nur die Hautfarbe von Interesse. Besondere Relevanz hat vielmehr auch die Haut selbst, also jenes Organ, das meist wenig beachtet wird. Für was steht »die Haut« – metaphorisch und materiell, kulturell und existentiell? Trotz der vielfältigen Bearbeitung des Themas Körper und der Hautfarbe ist die Haut, das größte Organ des menschlichen Körpers, als Organ in den letzten Jahren eher unterbelichtet geblieben, als ob Haut zu selbstverständlich, allgemein, universal sei.

Innerhalb der »Pluridisziplin« Interkulturelle Theologie beziehen schon seit einigen Jahrzehnten Befreiungstheologien und postkoloniale Theologien körperbezogene Praktiken in die Analyse gesellschaftlicher Verhältnisse und theologischer Reflexion mit ein. Bereits der Appell der Befreiungstheologie, sich von Fragen der Orthodoxie auf Fragen der Orthopraxie und in jüngster Zeit der Orthopathie zuzuwenden, geben körperbezogenen Lebensbedingungen ein deutliches Gewicht. Die explizite Einbeziehung des Körpers und der Körperepistemologie in die Theologie durch feministische und Embodiment-Theologinnen des globalen Südens ist eine konsequente Weiterführung dieser Schwerpunktsetzung – auch wenn einige Befreiungstheolog*Innen darin eine Schwächung befreiungstheologischer Impulse und Forderungen durch zu starke Differenzierung befürchten.[19] Eine dezidierte Aufnahme der Sinne und der Sinnenforschung oder gar der Taktilität der Haut steht hier jedoch noch sehr am Anfang.[20]

---

[19] Zu dieser Auseinandersetzung vgl. Wanda Deifelt, Hermeneutics of the body: a feminist liberationist approach, in: Renate Jost/Klaus Raschzok (Hg.), Gender, Religion, Kultur: Biblische, interreligiöse und ethische Aspekte, Stuttgart 2011, 55–65.

[20] Zu erwähnen ist diesbezüglich die Veröffentlichung von Marcella Althaus-Reid, Indecent Theology. Theological Perversions in Sex, Gender and Politics, New York 2006, die der Bedeutung der Sinne und

Seit gut 20 Jahren bilden Körper – und Haut – auch im Bereich der Missions-geschichte einen wichtigen Fokus, und zwar in Kooperation mit der kritischen Kolonialgeschichte wie auch der kritischen Ethnologie und Religionswissen-schaft. Den genannten Disziplinen gemeinsam ist das Interesse an der Aufarbei-tung des Umgangs mit dem »schwarzen Körper« in der Kolonialzeit. Genannt sei exemplarisch etwa der Aufsatzband von Linda Ratschiller und Siegfried Weich-lein, »Der schwarze Körper als Missionsgebiet«, der untersucht, wie in der Missi-onspraxis koloniales, kulturelles Wissen in den »schwarzen Körper« eingeschrie-ben wurde.[21] Ein anderes Beispiel bieten die Veröffentlichungen der nordamerika-nischen Anthropologin Ann Laura Stoler, »Race and the Education of Desire« und »Carnal Knowledge and Imperial Power«.[22] Stoler wendet die Foucaultsche Diskursanalyse kritisch auf das Feld der Kolonialgeschichte an und untersucht, wie westliche Wissenskonzepte einschließlich des Wissens über den Körper in Verbindung mit Macht, Deutungsmacht und kolonialer Herrschaft in die Praxis der europäischen Kolonien übertragen und in den Körper »der Anderen« einge-schrieben wurden, wodurch »der Andere« essenzialisierend festgeschrieben wurde. Die in diesen kulturellen Verflechtungen produzierten »Heterologien« – also das Wissen über »den Anderen« – basieren also, so kann mit Michel de Certeau konstatiert werden, »auf einer Unterscheidung zwischen dem Wissen, das den Diskurs führt, und dem stummen Körper (des anderen), der ihn nährt«[23].

Haut, Hautfarbe, Nacktheit, Hautpflege und Hautveränderungen als Blickfang in Berichten von Missionaren der Rheinischen Missionsgesell-schaft[24]

Als weitergehendes Forschungsdesiderat kann die Aufarbeitung von Missionsar-chiven zum Thema Haut wie zum Körper überhaupt gelten. Die hier lagernden

sinnlicher Wahrnehmung für Theologie deutliches Gewicht verleiht. Mayra Rivera, Poetics of the Flesh, Duke 2015, entwickelt diesen Ansatz weiter.

[21] Linda Ratschiller/Siegfried Weichlein, Der schwarze Körper als Missionsgebiet. Medizin, Ethnologie und Theologie in Afrika und Europa 1880–1960, Wien u. a. 2016.

[22] Ann Laura Stoler, Race and the Education of Desire: Foucault's History of Sexuality and the Colonial Order of Things, Durham/London 1995; Dies., Carnal Knowledge and Imperial Power. Race and the Intimate in Colonial Rule, Berkeley 2002.

[23] Michel de Certeau, Das Schreiben der Geschichte, Frankfurt a. M./New York/Paris 1991, 14.

[24] Die folgenden Beispiele stammen aus dem Archiv der Rheinischen Mission in Wuppertal. Ich danke Herrn Wolfgang Apelt für seine überaus konstruktive Unterstützung.

Berichte von Mitarbeitenden von Missionsgesellschaften beschreiben oftmals nicht nur die Gewohnheiten und Bräuche von Menschen anderer Kulturen. Sie umfassen auch zum Teil akribische Details zum Aussehen, der Farbe der Haut, der Kleidung und Hautbemalungen oder Hautmarkierungen. Oftmals gehen diese Beschreibungen mit impliziten oder expliziten Bewertungen einher, in denen über das äußere Erscheinungsbild Schlüsse auf den Charakter der Menschen gezogen werden.

Paradigmatisch ist etwa der Bericht des Rheinischen Missionars Johannes Olpp über die Nama-Khoi-Khoi in Südafrika unter der Überschrift »Charakteristisches über die Einwohner«:

> »Die äußere Erscheinung der *nama-khoi-khoi* hat wenig gewinnendes. An Körperumfang, Knochengerüst, Muskelkraft stehen sie ihren schwarzen Nachbarn ein wenig nach. Sie besitzen dagegen eine große Gelenkigkeit der Glieder […] sind ausdauernde Läufer, gewandte Reiter, tüchtige Schützen […]

Die Farbe ihrer Haut gleicht dem Leder in seinen verschiedensten Schattierungen. Bei neugeborenen Kindern ist sie hellgrau; in späterem Alter wird sie brauner, je mehr die Einzelnen der Sonne ausgesetzt sind. Nach 30 Jahren zeigen sich beim weiblichen Geschlecht schon Falten im Gesicht, die zu tiefen Runzeln sich ausbilden.«[25]

Häufig findet die Nacktheit der Geschilderten besondere Aufmerksamkeit. Missionar Carl Hugo Hahn, der in Deutsch-Südwestafrika arbeitete, berichtet beispielsweise in seinen Tagebüchern:

> »Die Gomaxa- (d. h. Beest-)Damaras gehen fast ganz nackt und bedecken bloss die Scham mit einem ziemlich langen und etwa anderthalb Hand breiten Fell, das sie zwischen den Beinen durchnehmen und vorn und hinten an einem Riemen, der um den Leib geht, befestigen. Die Frau hatte ein Fell gleich den Bergleuten, hinten herabhängend, und vorn gleich einem Pferdeschweif von feinen Riemen […] Kleinschmidt schenkte der Frau ein altes Kleid, ein Tuch und einen eisernen Löffel, während wir den Männern jedem ein Tuch und allen dreien jedem zwei Messer, sechs Knöpfe und zwei Armringe von Eisendraht gaben.«[26]

---

[25] Johannes Olpp, Angra Pequena und Groß-Nama-Land. Auf Grund vieljähriger Beobachtung kurz geschildert, Elberfeld 1884, 20 (Archiv der Rheinischen Missionsgesellschaft, Wuppertal).

[26] Carl Hugo Hahn, Tagebücher (1837–1860), Bd. 1, Eintrag 25.12.1842 (Archiv der Rheinischen Missionsgesellschaft, Wuppertal).

Neben der Nacktheit ist auch die Körperhygiene ein häufig thematisiertes Feld. Hans Christian Knudsen, ebenfalls Missionar der Rheinischen Missionsgesellschaft, schreibt:

>>Schmutzig und voller Ungeziefer sind sie, wiewohl sie halb nackt gehen. Ich fand einen unter ihnen, der etwa 30 Jahre alt war, und er hatte sich 3 Mal gewaschen in seinem Leben. Andere waschen sich mehr, andere weniger, d. h. gar nicht.<<[27]

Auch besondere Arten der Behandlung der Haut und Hautveränderungen finden in den Berichten von Missionaren Erwähnung. So findet sich etwa in dem Bericht über Missionar Johann Heinrich Barnstein von der Rheinischen Missionsgesellschaft die Begegnung mit einem eindrucksvoll tätowierten Mann in Borneo:

>>Aus dem Haufen trat ein Mann hervor und ging mit lebhafter und freundlicher Gebehrde auf Barnstein los. Die anderen Männer behandelten ihn mit Respekt, denn er war der Radenn dieses und der benachbarten Höfe, etwa das, was man bei uns einen Ortsvorsteher oder Schulzen heißt. Er ging bis auf einen kleinen Schurz um die Lenden völlig nackt; in seinen Ohrlappen waren hölzerne Scheiben eingefaßt, die so groß wie ein preußischer Thaler und mit Goldplättchen verziert waren; das dicke schwarze Haar hing los über die Schultern herab; sein ganzer Leib war sehr kunstvoll mit allerhand Figuren tätowirt. Dabei war er ein Mann schon bei Jahren.<<[28]

Missionar Friedrich Kolbe berichtet in einem Brief an die Missionsgesellschaft davon, dass sich die Nama in Südafrika mit Fett beschmieren und die Haut mit Kuhmist einreiben,[29] und Hahn weiß, dass der Häuptling der Ovaherero Mitglieder seiner Gemeinschaft, wenn sie von einer Reise zurückkommen, Brust und Arme mit Rinderfett einschmiert.[30]

Die Berichte machen deutlich, dass der Körper und insbesondere die Haut der >>Anderen<< einen >>Blickfang<< für die Missionare darstellten, einen >>Schauplatz der Näherung und der Abgrenzung<< gleichermaßen.[31] Denn zum einen wird über die Haut und ihre Veränderungen nach Hinweisen auf das gesucht, was jenseits

---

[27] Hans Christian Knudsen, Groß-Namaqualand, Barmen 1848, 22 (Archiv der Rheinischen Missionsgesellschaft, Wuppertal).

[28] Johann Heinrich Barnstein, Berichte der Rheinischen Missionsgesellschaft 1849, Nr. 19, 290 (Archiv der Rheinischen Missionsgesellschaft, Wuppertal).

[29] Friedrich Kolbe, Brief vom 10.3.1848 (Archiv der Rheinischen Missionsgesellschaft, Wuppertal).

[30] Carl Hugo Hahn, Tagebuch, Eintrag 9.3.1850 (Archiv der Rheinischen Missionsgesellschaft, Wuppertal).

[31] S. hierzu Karl-Josef Pazzini, Haut. Berührungssehnsucht und Juckreiz, in: Claudia Benthien/Christoph Wulf (Hg.), Körperteile. Eine kulturelle Anatomie. Reinbek bei Hamburg 2001, 153–173.

der Haut liegt – etwa nach dem Charakter, den Werten oder den religiösen Vorstellungen der begegnenden Personen. Zum anderen unterstreicht die dargestellte Andersheit der *anderen* Haut, dass die Haut, die auch ohne den »Farbunterschied« eine »Differenzfläche« darstellt und damit einen Innen- und einen Außenraum schafft, dies im Fall der »fremden« Haut in noch gesteigertem Maße tut. Die Betrachtung und Beschreibung der »anderen« Haut wird so noch mehr zu einem »Grenzgeschehen«, bei dem Andersheit und Identität neu ausgehandelt werden.

Im Blick ist also längst nicht nur die Haut als bloße Hülle mit ihren biologischen Merkmalen. Die Berichte verdeutlichen vielmehr darüber hinaus, dass die Haut auch »symbolische und kommunikative Funktionen« hat, wie der Ethnologe, Hautforscher und Mitgründer des Forschungsprojekts *Skin Studies*, Igor Eberhard, formuliert:

> »So kann sie auch Anlass zu Vorurteilen und Wertungen geben. Hautfarbe oder Körperveränderungen durch Tätowierungen, Bodymodifications, Narben oder Krankheit können die Triebfeder für entsprechende Stigmatisierungen sein. Fremdzuschreibungen aufgrund unserer Körperhülle waren und sind mit (Ab- oder Auf-)Wertungen verbunden.«[32]

Andersherum bedeutet dies, dass Identität und Selbst eng mit der Haut verknüpft sind, wie Paul Valérys fiktiver Dialog illustriert: »Was am tiefsten im Menschen liegt, ist die Haut [...] Und dann Mark, Gehirn, alles, was man zum Fühlen, Leiden, Denken ... in die Tiefe gehen [...] braucht, sind Erfahrungen der Haut! ... Wir können graben, Doktor, aber wir sind ... ektoderm.«[33]

Ein Beispiel aus dem Feld der ärztlichen Mission für die ektoderme Verfasstheit des Selbst und damit für Bedeutsamkeit der Haut für soziale Beziehungen, Kommunikation, Identitätsbestimmungen, VerAnderungsprozesse und Assimilierungen geben Ratschiller und Weichlein in der bereits zitierten Veröffentlichung »Der schwarze Körper als Missionsgebiet«. Paradoxerweise schuf gerade die verbreitete Krankheit Lepra eine Nähe und kulturelle Anknüpfungsmöglichkeit für die westlichen Ärzte und Missionare. Diese auf der Haut sichtbare und ansteckende Krankheit kann als »boundary-disease« bezeichnet werden: Sie führt zu einer raschen Ausgrenzung des Erkrankten und offenbart darin die

---

[32] Igor Eberhard, Skin Studies Wozu? Über Haut als Forschungsfeld. Diskussion und Bericht über den 1. Workshop der Arbeitsgemeinschaft Hautbilder, 9.–10.9.2016, Wien, in: curare. Zeitschrift für Medizinethnologie 39, 3 + 4 (2016), 204–206.

[33] Paul Valéry, »L'Idée fixe ou deux hommes à la mer«, Œuvres, Paris 1960, 195–275, 215, zitiert nach: Claudia Benthien, Haut. Literaturgeschichte – Körperbilder – Grenzdiskurse. Reinbek bei Hamburg 1999, 11.

Grenzen, Ausgrenzungsmechanismen und Werte, die eine Gesellschaft setzt und von der sie getragen ist. Für die Mitarbeitenden der ärztlichen Mission, die mit Geschichten der Heilung Aussätziger aus biblischen Texten vertraut waren, bildete aber ausgerechnet Lepra eine Brücke zu »den Anderen«.

3. Schwarze Haut, weiße Masken: Sichtbarkeit und Verletzbarkeit von Haut

Einen für Interkulturelle Theologie nach dem sogenannten »postcolonial turn« wichtigen Aufschluss über die Bedeutung des Organs Haut wie der Hautfarbe gibt ein Klassiker der postkolonialen Literatur: Die Veröffentlichung des algerischen Psychoanalytikers und Widerstandkämpfers Frantz Fanon »Schwarze *Haut*, weiße Masken«.[34] (1952). Fanon beschreibt die qualvolle Wirkung, die der westliche weiße Blick auf Menschen schwarzer Hautfarbe hat. Der Blick des Weißen auf den Schwarzen ist laut Fanon der aggressive Blick des Unterdrückers, der den schwarzen Körper als Objekt betrachtet und den Schwarzen auf seine schwarze Oberfläche, seine Haut, reduziert. Der schwarze Mensch ist unter diesem Blick kein Mensch in einem umfassenderen Sinn mehr, sondern er ist in erster Linie schwarz, weil er immer nur im Gegenüber zum Weißen definiert wird. Unter dem weißen Blick löse sich der *Mensch* mit schwarzer Hautfarbe letztlich auf, er werde entsubstantialisiert.[35] Fanon beschreibt diese Erfahrung als Erfahrung von »unzähligen Zersplitterungen meines Seins«, vom »zerteilten Körper« und von »Scherben« als Folge des weißen Blickregimes.[36] Denn »der Schwarze besitzt in den Augen des Weißen keine ontologische Widerstandskraft«, so Fanon.[37] Als er als junger Mann auf der Straße einer weißen Französin begegnet, deren Tochter bei seinem Anblick rief »Mama, schau doch der Neger da, ich hab Angst!«, erlebt Fanon physisch, wie er zum Objekt erst des weißen und dann des eigenen Blicks wird:

> »Ich maß mich mit objektivem Blick, entdeckte meine Schwärze, meine ethnischen Merkmale – und Wörter zerrissen mir das Trommelfell: Menschenfresserei, geistige Zurückgebliebenheit, Fetischismus, Rassenmakel,

---

[34] Frantz Fanon, Schwarze Haut, weiße Masken, Frankfurt a. M. 1985 (franz. Original 1952).
[35] Fanon, Schwarze Haut, 81.
[36] Fanon, Schwarze Haut, 79–83.
[37] Fanon, Schwarze Haut, 79.

Sklavenschiffe ... An jenem Tag, da ich desorientiert war, außerstande, mit dem anderen, dem Weißen draußen zu sein, der mich unbarmherzig einsperrte, begab ich mich weit, sehr weit fort von meinem Dasein und konstituierte mich als Objekt. Was war es für mich anderes als eine Loslösung, ein Herausreißen, ein Blutsturz, der auf meinem ganzen Körper schwarzes Blut gerinnen ließ?«[38]

Der Video Clip AFRICA SHOX von Leftfield featuring Afrika Bambaataa,[39] der über 40 Jahre später, 1999, entstand, gibt einen visuellen Eindruck von dem Selbst- und Körpergefühl, das Fanon beschreibt, und zeigt, wie sehr Fanons Erfahrung heute noch Gültigkeit hat.[40] Das Musikvideo zeigt einen »Schwarzen«, der durch die Straßen von Manhattan taumelt – wie in Trance, unter Drogen, im Gefühl grenzenlosen Selbstverlusts – und im Zusammenstoßen mit weißen Menschen, im Vorbeigehen oder im Angefahrenwerden nach und nach seine Körperteile verliert. Diese schrittweise physische Verstümmelung passiert ohne Blutvergießen; der Körper besteht nur aus der Hülle, der Oberfläche, und hat sonst keine Substanz. Er zerbricht, zersplittert, seine Haut erscheint nicht wie eine Membran, sondern wie aus Ton, sie zerfällt zu Scherben, so als ob der schwarze Körper hohl und inhaltslos sei, eine Hülle ohne Mensch und ohne Widerstandskraft.

Der Video-Clip illustriert die Grausamkeit und das Leiden unter dem weißen Blick, der vom »Schwarzen«, so Fanon, am Ende internalisiert wird: »Ich bin von außen überdeterminiert. Ich bin nicht der Sklave der ›Vorstellung‹, welche die anderen von mir haben, sondern meiner eigenen Erscheinung«[41].

Aus der Perspektive der Abjekttheorie der Psychoanalytikerin Julia Kristeva betrachtet,[42] erfährt und deutet der schwarze Mensch, wie Fanon ihn schildert, nun selbst seine Haut als Abjekt, als abzustoßenden Teil seiner Selbst. In Übernahme des weißen Blicks sieht der Schwarze seine Haut selbst von Außen, und diese erregt bei ihm selbst Scham und Ekel.[43]

---

[38] Fanon, Schwarze Haut, 81.
[39] Clip AFRICA SHOX von Leftfield featuring Afrika Bambaataa, https://www.youtube.com/watch?v=DQ_J3K9sjRM (11.1.2019).
[40] Für eine ausführlichere Analyse des Clips hinsichtlich des Themas schwarze Haut s. Lisa Gotto, Touch/Don't Touch. Interkulturelle Körperkontakte im Videoclip, in: Ivo Ritzer/Marcus Stiglegger (Hg.), Global Bodies. Mediale Repräsentationen des Körpers, Berlin 2012, 232–246.
[41] Fanon, Schwarze Haut, 84.
[42] Julia Kristeva, Powers of Horror. An Essay on Abjection, New York 1982.
[43] Eine ausführliche In-Beziehung-Setzung von Kristevas Abjekttheorie und interkulturellen Begegnungsprozessen leistet Jürgen Straub, Die Macht negativer Affekte. Identität, kulturelle Unterschiede, interkulturelle Kompetenz, Gießen 2019.

4. Die zwei Dimensionen von Haut

Fanons Schilderungen und AFRICA SHOX unterstreichen den Zusammenhang zwischen dem Sehen und dem qualvollen Spüren der Haut. Dieser Zusammenhang ist nicht zufällig, sondern gründet in der »Natur« der Haut bzw. in der Deutung von Haut. Denn Haut ist, so haben etwa Hautgeschichtsforscherinnen wie Barbara Duden oder Claudia Benthien gezeigt,[44] einerseits ein Oberflächenphänomen, das in erster Linie »gesehen« wird und Blickfang ist. Andererseits ist Haut ein taktiles, spürbares Phänomen. In dieser Ambivalenz changiert Haut zwischen Distanz einerseits und Nähe andererseits.

Haut als Oberflächenphänomen

Ich wende mich zuerst der Haut als Oberflächenphänomen zu. Haut wird von außen gesehen, betrachtet, aus vermeintlich wissenschaftlicher Distanz untersucht und verglichen. Im Zuge des Aufstiegs der Naturwissenschaften im 18. und 19. Jahrhundert rückte diese Oberflächendimension der Haut zunehmend ins Zentrum der medizinischen Forschung, aber auch der allgemeinen Wahrnehmung. Haut wurde – wie der Körper insgesamt – zum Objekt der »Fernwahrnehmung«.[45] Das war und ist für das Verständnis des Selbst auch und gerade im Verhältnis zum Körper immens folgenreich. Das Selbst wird nun nicht mehr gedacht als sich in seinem einzigartigen körperlichen Volumen erstreckend. Vielmehr sind Selbst und Körper nur noch lose miteinander verbunden.[46]

Es kann kaum verwundern, dass im Zuge dieser wissenschaftlich-distanzierten Verobjektivierung der Körpers die Haut*farbe* große Aufmerksamkeit auf sich lenkte. Denn die Hautfarbe springt quasi sofort ins Auge, wird schon aus großer Distanz wahrgenommen. Kein Wunder also, dass die Hautfarbe im 17. und dann vor allem im 18. Jahrhundert zum primären Merkmal ethnischer Differenz wird. Erstmalig benannte vermutlich der Arzt und Naturforscher François Bernier Mitte des 17. Jahrhunderts die Hautfarbe als klassifizierendes Merkmal für »Rassen«, wobei er sich aber gleichzeitig gegen stereotype Einteilungen von Men-

---

[44] Barbara Duden, Geschichte unter der Haut. Ein Eisenacher Arzt und seine Patientinnen um 1730. Stuttgart 1987. Benthien, Haut.
[45] Benthien, Haut, 17.
[46] Duden, Geschichte, 15.

schen nach Hautfarben wandte. Ein anderer französischer Naturforscher, George-Louis Leclerc du Buffon, bezeichnete 100 Jahre später in der Abhandlung »Dissertation physique à l'occasion du Négre blanc« (1744) die »›weiße‹ Farbe als anthropologische Grundfarbe«.[47]

Zahlreiche Forschungen, u. a. Herders »Ideen zur Philosophie der Geschichte der Menschheit« von 1785 und Kants Abhandlungen »Von den verschiedenen Rassen des Menschen« aus dem Jahr 1777 sowie seine »Bestimmung des Begriffs einer Menschenrasse« aus dem Jahr 1785 beschäftigen sich mit der Frage nach der Genese der Hautfarben und dem »Ursprung der Negerschwärze«, die kontinuierlich als Sonderfall betrachtet und eher negativ bewertet wird:

> »Der Wuchs der schwammichten Theile des Körpers mußte in einem heißen und feuchten Klima zunehmen; daher eine dicke Stülpnase und Wurstlippen. Die Haut mußte geölt sein, nicht bloß um die zu starke Ausdünstung zu mäßigen, sondern die schädliche Einsaugung der fäulichten Feuchtigkeiten der Luft zu verhüten. Der Überfluß der Eisentheilchen, die sonst in jedem Menschenblute angetroffen werden und hier durch die Ausdünstung des phosphorischen Auren [...] in der netzförmigen Substanz gefällt worden, verursacht die durch das Oberhäutchen durchscheinende Schwärze.«[48]

Die Reduktion von Menschen »anderer«, »schwarzer« Hautfarbe auf ihre Haut ging so weit, dass Lorenz Oken im Jahr 1811 in seinem Lehrbuch der Naturphilosophie den afrikanischen »Hautmenschen« vom europäischen »Augenmenschen« unterschied.[49]

In den Repräsentationen »schwarzer Haut« im 18. Jahrhundert lässt sich also deutlich eine breite Dominanz westlicher Forschung erkennen. Die Geschichte der westlichen Erforschung schwarzer Haut ist somit de facto ein zentraler Teil der Geschichte der schwarzen Haut selbst.

Exkurs: Die schwarze Haut in der Malerei

Der wissenschaftliche, differenzmarkierende Diskurs zum »Ursprung der Negerfarbe« im 18. Jahrhundert war nicht ohne Verläufer. Besonders deutlich bildet

---

[47] Vgl. Benthien, Haut, 172.
[48] Immanuel Kant, Schriften zur Anthropologie, Geschichtsphilosophie, Politik und Pädagogik, Werkausgabe 11, hg. v. Wilhelm Weischedel, Frankfurt a. M, 1977, 22f.
[49] Vgl. Benthien, Haut, 180.

sich dieser Diskurs schon in der Malerei des 16. Jahrhunderts ab, also zur Zeit der Entdeckung der neuen Welt. Bekannte Beispiele sind Hans Burkmaiers »Exotische Stämme« oder »Garten der Lüste« von Hieronymus Bosch, beide aus dem 16. Jahrhundert. Die auf diesen und anderen Gemälden[50] dargestellten schwarzen Menschen erscheinen als schwarz gemalte Europäer – »blackfaced« sozusagen. Neben der Farbe ist es aber auch die Nacktheit, die nackte Haut, die zu einem Kernkennzeichen in der Darstellung des Anderen als Fremden, aber auch Unterlegenen wird.

Ein Beispiel dieser abendländischen Repräsentation ist der Kupferstich von Theodor Galle – basierend auf einer Zeichnung von Jan van der Straet (= Stradanus) – aus dem Jahr 1590, der die Ankunft Amerigo Vespuccis in der sogenannten »Neuen Welt« darstellt. Vespucci war der erste, der die neue Welt als neuen Kontinent »erkannte« und ihn dann nach seinem Vornamen benannte. Das Bild zeigt Vespucci als Mann mit allen Insignien technischer europäischer Macht einschließlich prächtiger Kleidung, während der neue Kontinent als weiblicher nackter Körper dargestellt wird, den der europäische Eroberer in Besitz nimmt. Hier wird sichtbar, was Michel de Certeau mit einer »Kolonisierung – also Eroberung – des Körpers durch den Diskurs der Macht« meint.[51]

Die Haut als taktiles Phänomen

Während die Haut als Oberflächenphänomen räumliche wie kulturelle Distanz evoziert, impliziert die andere Dimension von Haut, ihre Taktilität, Nähe. Diese taktile Dimension drückt sich umgangssprachlich in zahlreichen Redewendungen aus: Ich könnte aus der Haut fahren, sich in seiner Haut wohl fühlen, seine Haut zu Markte tragen, er ist mit Haut und Haaren verliebt, das geht mir unter die Haut … Die Redewendungen machen eine große Nähe zwischen dem fühlend-spürenden und dem sprechenden Subjekt deutlich und weisen mitunter auf die besondere Verletzbarkeit, Vulnerabilität, des Menschen hin.[52]

Die taktile Dimension von Haut ist eine Dimension von höchster »Privatheit

---

[50] Mudimbe führt in seinem berühmten Werk »The Invention of Africa« noch zahlreiche weitere Werke auf und erkennt in dieser Kunstgeschichte eine Zunahme des Prozesses des Othering und der Erfindung Afrikas als dem *anderen* Kontinent, s. Valentin Y. Mudimbe, The Invention of Africa. Gnosis, Philosophy, and the Order of Knowledge, Bloomington, Indianapolis 1988, 6–16.

[51] de Certeau, Schreiben, 7.

[52] Benthien, Haut, 14.

der körperlichen Empfindungen und der Exklusivität der Selbstwahrnehmung«, so konstatiert der Kommunikationswissenschaftler Jens Loenhoff.[53] Wegen dieser Privatheit sowie aufgrund der »Nähe«, die das Spüren von Haut voraussetzt, sei es auch nicht von ungefähr, dass Haut – das Berühren der Haut, aber manchmal selbst nur das Sehen oder Zur-Schau-Stellen von Haut – in vielen Religionen und Kulturen mit moralischen Codes belegt sei. Haut ist ein intimes Organ, und die gesellschaftlichen Codes, die Berührungen und Sehen der Haut regeln, regeln auch das Nähe-Maß sozialer Interaktionen und sozialer Intimität.

Die Film- und Medienwissenschaft setzt den doppelten Affekt der Haut zum Teil bewusst ein. Die gefilmte – oder fotografierte – Haut, visualisierte Haut, die der Zuschauer aus der Distanz sieht, kann trotzdem zugleich »unter die Haut gehen« und damit den intimsten aller Sinne ansprechen. Die Kamerafrau Agnès Godard, die an vielen Filmen von Claire Denis, einer Regisseurin des »Cinema of Abjection« – Kino des Anstößigen bzw. Abzustoßenden – mitgearbeitet hat, beschreibt diesen doppelten Aspekt der Haut, der sie zwischen Distanz und Nähe oszillieren lässt, mit den Worten: »I like filming the body, the skin, you feel you're in contact with something secret. How does the light fall on people, how does it fall on the skin? It's tactile«.[54]

Auch im Film Black Panther werden Körper und Haut der schwarzen Akteure sinnenhaft dargestellt und erlebbar. Das Sehen wird zu einer geradezu taktilen und darin machtvollen Erfahrung. Dabei, so analysiert die afroamerikanische Race- und Genderforscherin Janell Hobson, weise der Film ausgerechnet zu Leni Riefenstahls photographischen Bänden »Die Nuba« Parallelen auf.[55] Riefenstahl hat höchst wirkungsvoll mit ihren Photographien den Prototypen des athletischen, idealen nubischen Körpers geschaffen, der jedoch zugleich ein »primitives« Ideal darstelle, so Hobson. Dieses ästhetische wie »primitive« Bild des Nubiers bilde – trotz der Entwicklung einer auch und gerade körperbezogenen »Ästhetik des Widerstands« durch afrikanische Künstler*Innen – bis heute eine wichtige Verbindungsbrücke zwischen afrikanischer Diaspora und Afrika und

[53] Jens Loenhoff, Hand und Haut. Zur Sozialpsychologie taktilen Wahrnehmens, in: Psychologie und Geschichte, Jg. 8 (2000), Nr. 3/4, 261–280, 267.
[54] Zitiert nach Romi Agel, Taktile Sinnlichkeit. Zu den Körperlandschaften bei Claire Denis, in: Ritzer/ Stiglegger, Global Bodies, 55–63, 56.
[55] Janell Hobson, The Nubian Body, African Aestethics, and Cultural Imagination, Black Perspectives, 15.02.2018, https://www.aaihs.org/the-nubian-body-african-aesthetics-and-cultural-imagination/ (10.1.2019).

nähre damit afroamerikanische Identitätssehnsüchte – wie auch, so meine ich, westliche Projektionen.

Der Haut eignet also, so zeigen die Beispiele aus Film und Photographie, eine haptisch-sinnliche Visualität, die den Betrachter affiziert, wobei das Sehen taktil-tastend-spürend wird und die »Augen selbst zum tastenden Organ« werden.[56] Dabei hat die Nähe und Intimität, die mit der Haut einhergeht, immer auch etwas Bedrohliches, Anstößiges, Machtvolles (Riefenstahls Darstellung des »primitiven« Nubiers zeigt ja gerade in seiner Nacktheit und »Rohheit« eine ausgesprochene Mächtigkeit). Aus diesem Grund wurde Haut als taktiles Phänomen oftmals marginalisiert, so der bereits zitierte Loenhoff. In der Hierarchie der Sinne wurde die Taktilität, die an die Haut geknüpft ist, von der Antike bis zur Moderne mehrheitlich auf eine niedrigere Entwicklungsstufe gestellt. Es wurde ihr kein wirkliches Erkenntnis- und Wissenspotential zugemessen. Es gab zwar einige sensualistische Einschübe in der Geschichte der Erkenntnisphilosophie, grundsätzlich hat sich aber das Sehen als Evidenzideal durchgesetzt.

5. Zusammenfassung und Ausblick

Es ist meines Erachtens die dargestellte sinnliche Mehrsprachigkeit der Haut – also dass sie einerseits schon aus der Ferne *gesehen* und aus der Distanz erfasst und erforscht werden kann und andererseits den intimsten aller Sinne, den Tastsinn, birgt –, die dazu beigetragen hat, dass »schwarze Haut« immer wieder als zentrales Mittel dafür benutzt wurde und wird, um die Andersheit des Anderen zu konstruieren und festzuschreiben. Am Topos der Schwarzen Haut fand und findet die Logik (post)kolonialer Wissenschaft, Differenzen zu kreieren und wissenschaftlich zu begründen, ein geeignetes Medium. Denn die durch das naturwissenschaftliche Paradigma fokussierte Ferndimension der Haut, und hierbei als besonders auffällig eben die andere Farbe, unterstützt die distanzierend-verobjektivierende und hierarchisierend-abwertende Konstruktion des Anderen. Gleichzeitig aber galt es, den bedrohlichen taktilen Intimsinn von Haut zu kontrollieren. Die Forscherin oder der Kolonialbeamte, die Missionarin oder der Ethnologe, der oder die glaubte und glaubt, in der Hautfarbe ein sicheres, die Distanz gewährleistendes Indiz für die Differenz des Anderen gefunden zu ha-

---

[56] Agel, Sinnlichkeit, 56.

ben, konnte und kann sich trotz allem Bemühen um Distanzierung kaum der haptisch-sinnlichen Visualität der Haut entziehen. Das zum Teil rigide durchgesetzte Verbot von Mischehen – von Seiten von Missionsorganisationen oder Kolonialpolitik – gründet wohl nicht zuletzt in dieser Ahnung, dass Haut nicht nur eine Ferndimension hat, sondern auch eine taktile. Die sinnliche Mehrsprachigkeit des Organs Haut hat, so scheint es, den Affekt gestärkt, schwarze Haut als »Abjekt« zu empfinden, als ein auf Distanz zu haltendes und abzustoßendes Phänomen. Der auf Distanz haltende Blick lässt keine Ähnlichkeit zu, sieht das Differente und nicht das Gemeinsame.

In der Spätmoderne ist – wie nicht zuletzt der Film »Black Panther« zeigt – der Körper erneut zum Kampfplatz von Ideologien und Glaubensüberzeugungen geworden ist. Daher fordert das Thema »schwarze Haut« auch die Interkulturelle Theologie heraus, im Feld der Passagen – also der Begegnungs- und Verflechtungsräume zwischen Kulturen, Religionen in der Moderne, Theologien und Kirchen – kritisch und interdisziplinär jene Faktoren zu analysieren, die anhaltend zu Rassismus und Gewalt beitragen. Dazu gehören ideelle und kulturelle Annahmen ebenso wie der materiell-performative Charakter von kulturellen Diskursen, also ihrer Verkörperung und Einschreibung in Körper und Haut.

(Dr. Claudia Jahnel ist Professorin für Interkulturelle Theologie und Körperlichkeit an der Evangelisch-Theologischen Fakultät der Ruhr-Universität Bochum)

ABSTRACT

Black Skin is booming. It is at the center of political debates, forms the core of civil rights movements like »Black Lives Matter«, and pays off in the movie industry as the Marvel film »Black Panther« demonstrates. In the field of Intercultural Theology skin and skin studies are still a desideratum. The archives of mission organisations witness many reports on the skin of »the other«, and liberation and postcolonial theologies have brought the body back into the account of theology. Yet, the article advocates to take the skin more seriously in the analysis of intercultural encounters and the history of intercultural entanglements. Its highly symbolic, communicative function as well as its tactile and visual dimensions reveal powerful strategies of creating distance and proximity, »primitivity« and self-esteem, and at the same time provide a (self)critical approach to racisms.

Weltaneignung dekolonisieren

Oder: Was die Erfindung des Alten Testaments mit dem Humboldt-Forum zu tun hat

Simon Wiesgickl

Sollen deutsche Museen Sammlungsgegenstände aus der Zeit des Kolonialismus zurückgeben? Sind sie dazu nicht sogar verpflichtet, insbesondere wenn es sich dabei noch um Artefakte handelt, die in einem indigenen religiösen System eine Funktion erfüllen? Oder sollte die Kunst frei bleiben von solchen politischen Forderungen? In den Feuilletons der Zeitungen entbrannte im Frühsommer 2018 ein Streit – entzündet am Humboldt-Forum –, der rund um das Stichwort der Restitution kolonialer Raubkunst eine spannende Melange aus Religion, Kolonialismus und Wissenschaft berührte.

Schauen wir uns diesen Konflikt etwas genauer an: Nachdem sich die französische renommierte Kunstwissenschaftlerin Bénédicte Savoy Forderungen eines migrantischen Aktionsbündnisses zu eigen gemacht hat, ist ein neues Thema in der jahrelangen Diskussion um das geplante Humboldt-Forum in Berlin gesetzt worden. In Frankreich hatte zeitgleich die Ankündigung von Präsident Macron Furore gemacht, der sich für die Rückgabe von Museumsstücken ausgesprochen hat. Europäische Museen, so das Argument, gründen ihre Sammlungen häufig auf zweifelhaft erworbene Ausstellungsstücke, deren Herkunft zu klären sei und die dann zurückzuführen seien.[1] Klar wird: Die Frage nach der Rückgabe von Museumsobjekten ist zuerst eine, die den politischen Raum und die Beziehungen der Staaten untereinander betrifft. Doch nicht nur: Denn an ihr lassen sich auch grundsätzliche Fragen der Ethnologie aber auch angrenzender Wissenschaften

---

[1] Vgl. den Bericht von Jörg Häntzschel über die französische Debatte: Gebt alles zurück!, in: SZ, 22.11.2018, 13.

diskutieren. Insbesondere die Religions- und Missionswissenschaft scheinen in dieser Debatte angesprochen zu sein – wenn etwa die Mainzer Ethnologin Carola Lentz den »protestantischen Sündenstolz« erwähnt oder ihr Kollege Karl-Heinz Kohl religiöse Konfliktszenarien aufzeigt, die die Restitutionsdebatte überlagern.[2] Schließlich kann es widerstreitende Besitzansprüche geben, und nicht immer können sich die staatlichen Nachfolger mit der wohlgemeinten Geste anfreunden. Unübersichtlich wird die Gemengelage auch dadurch, dass sich postkoloniale Kritiker, wie Achille Mbembe, noch einmal grundsätzlicher einmischen und hinterfragen, ob Konzepte, die auf der Vorstellung eines nationalen Eigentums an Kulturgütern gründen, überhaupt weiterführen.[3]

Die genannte Wissenschaftlerin Savoy führt den Streit nicht losgelöst von größeren museumspolitischen und -konzeptionellen Erwägungen. Ihr geht es vor allem darum, eine Museumskultur zu etablieren, die das nationale Pathos, das auf die Herkunft des Museums aus dem 18. und beginnenden 19. Jahrhundert verweist, hinter sich lässt und den transnationalen Charakter stärker betont. Damit knüpft Savoy auch an einige rezente Diskussionen in der Geschichtswissenschaft an.[4] Unter dem Stichwort einer *entangled history* werden dort schon länger in Untersuchungen die Kontakte transnationaler Art stark gemacht und ein besonderer Blick auf die Zwischenräume der nationalen Diskurse sowie die vielfältigen Kontaktzonen gerichtet.[5] Gerade bei Museumsstücken ist ja die Geschichte, wie ein Objekt in den Besitz des Museums kam und welche Geschichten damit verknüpft sind, besonders interessant. Innerhalb der programmatischen Diskussionen um das Humboldt-Forum war es zudem stets ein starker Impuls gewesen, dass das neue Museum gerade nicht der nationalen Leistungsschau dienen solle, sondern der Völkerverständigung, und globalen Themen nachzuspüren habe.

Sowohl der symbolische Ort des geplanten Museums, als auch die Namensgeber eignen sich vorzüglich zur Frage nach Repräsentation, Geschichte und Modi der Weltaneignung. Geht es in der Debatte nicht eigentlich um den engen Zusammenhang von Wissen und Macht? Um die Frage nach der Deutungsmacht über Artefakte und das Zusammenspiel von Wissensstrukturen, Machtstrukturen und

[2] Siehe Karl-Heinz Kohl, So schnell restituieren die Preußen nicht, in: FAZ, 17.5.2018, 11.
[3] Vgl. den Artikel Jörg Häntzschel, Neue Kultur des Teilens, in: SZ, 23.5.2018, 11.
[4] Siehe dafür beispielhaft die Einleitung in Andrea Meyer/Bénédicte Savoy, Towards a Transnational History of Museums. An Introduction, in: The Museum is Open. Towards a Transnational History of Museums 1750–1940, hg. v. Andrea Meyer/Bénédicte Savoy, Berlin/Boston 2014, 1–16.
[5] Vgl. Kiran Klaus Patel, Transnationale Geschichte, in: Europäische Geschichte Online, hg. v. Institut für Europäische Geschichte, Mainz 2010–12–03; http://www.ieg-ego.eu/patelk-2010-de, 1 (20.5.2018).

Infrastrukturen? Im Kern also um die Praxis des Erinnerns und Entinnerns, wie es der postkoloniale Theoretiker Kien Nghi Ha in Bezug auf den Umgang mit kolonialer Vergangenheit beschrieben hat:

>»Das Schweigen ist eine bewusste Amnesie, und die Amnesie ist eine politische Ausdrucksform des kollektiven Gedächtnisses. Daher ist das konsensuale Schweigen eine dominante Machtartikulation, die sich der Aufarbeitung und Sichtbarmachung imperialer Praktiken und Bilder durch Entinnerung aktiv widersetzt und nur durch Gegenerzählungen aufgebrochen werden kann.«[6]

Das Gelingen des Humboldt-Forums als ethnologisches Museum auf der Höhe der Zeit hängt m. E. daran, ob ein bestimmter Modus der Weltaneignung dekolonisiert werden kann oder nicht. Drastisch formuliert: Kann eine vorwiegend ethnologische Sammlung das Blut abstreifen, das an den Exponaten und der Machtpolitik, die mit ihnen verbunden war, hängt. Gelingt es, statt einer nationalen eine transnationale Perspektive einzunehmen, ohne die eigene Wissenschaftstradition zu verleugnen? Wäre es nicht sogar besonders spannend, diese durchsichtig zu machen und als Teil der Ausstellungen mit zu verhandeln? Wird dem kolonialen Entinnern eine Praxis des aktiven Erinnerns entgegengesetzt?

Schon mit diesen ersten Fragen wird deutlich: Im Hintergrund der sehr praktischen Frage, ob bestimmte Objekte aus deutschen Museen in die Herkunftsländer zurückgegeben werden sollen, lauern philosophische Grundsatzfragen. Postkoloniale theoretische Ansätze, denen immer wieder unterstellt wird, dass sie eine gewisse Praxisferne nicht verbergen könnten, werden hier zu ganz konkreten Leitplanken.

Meine These für diesen Artikel lautet, dass gerade durch den Blick in die Wissenschaftsgeschichte Zusammenhänge deutlich werden, die helfen, drängende Fragen zu beantworten. Etwa »Wer sind die Deutschen und wo ist ihr Ort?« oder »Wie sollte ein Weltmuseum aussehen?«[7] Die deutsche Geschichte ist dabei besonders interessant, denn für die nationale Identität war ein bestimmter Modus der Weltaneignung konstitutiv. In Abgrenzung zu Engländern und Fran-

[6] Kien Nghi Ha, Macht(t)raum(a) Berlin – Deutschland als Kolonialgesellschaft, in: Maureen Maisha u. a. (Hg.), Mythen, Masken und Subjekte. Kritische Weißseinsforschung in Deutschland, Münster 2009², 105–117, hier: 105. Das Potenzial dieses Ansatzes hat für die Theologie fruchtbar gemacht Judith Gruber, Wider die Entinnerung. Zur postkolonialen Kritik hegemonialer Wissenspolitik in der Theologie, in: Andreas Nehring/Simon Wiesgickl (Hg.), Postkoloniale Theologien 2. Perspektiven aus dem deutschsprachigen Raum, Stuttgart 2018, 23–37.
[7] Siehe Lothar Müller, Ein Weltmuseum, in: SZ, 26.3.2018.

zosen spielten die ethnographische Wende und damit der Blick auf die weite Welt eine entscheidende Rolle. Zugespitzt könnte man sagen, dass sich die Deutschen als Volk der Dichter und Denker auch in ihrer Tätigkeit des Sammelns und Suchens entworfen haben. Ein essentielles Schlachtfeld in den durchaus polemisch ausgetragenen Konflikten ist heute wissenschaftsgeschichtlich fast vergessen, verdient es aber, wieder neu in seiner Bedeutung für diese Fragen beleuchtet zu werden: Die Bibel. Die postkoloniale Theologin Musa Dube spricht programmatisch vom »*Scramble for Africa as the Biblical Scramble for Africa*« und zeigt, wie eng der afrikanische Kampf um Befreiung und koloniale Geltungsansprüche mit der Bibel verwoben sind: Die Bibel stellte eine Art Schlachtfeld bereit. Ihre Sprache inspirierte Befreiungsbewegungen. Innerhalb der Missionsgeschichte und der Geschichte der Bibelübersetzungen lassen sich Prozesse des Streits um *agency* und des Kampfes um Deutungsmacht exemplarisch darlegen.[8] Die berüchtigte Berliner Afrika-Konferenz fand ihren Widerhall also unmittelbar auch in der Geschichte der Bibel in Afrika. Darüber hinaus lässt sich m. E. eine weitere Verknüpfung deutlich machen: Das Selbstverständnis und der Modus der Weltaneignung, die in der Berliner Afrika-Konferenz kulminierten, wurden gerade auch in der Auseinandersetzung mit der Bibel im deutschsprachigen Raum gewonnen. Dies ist die These, die ich ausführlich in meiner Dissertation dargestellt habe.[9]

Um diese These zu entfalten, möchte ich zuerst (1) ein Schlaglicht auf die postkoloniale Debatte um die Brüder Humboldt werfen, (2) anschließend an zwei neueren Monografien einen Zeitraum mit seinen Diskursen ausleuchten, der das Nachdenken über Fremdheit in Deutschland maßgeblich geprägt hat, und schließlich (3) meine eigenen Forschungen zum Alten Testament als deutscher Kolonie darstellen.

---

[8] Siehe Musa W. Dube, Introduction. The Scramble for Africa as the Biblical Scramble for Africa: Postcolonial Perspectives, in: Dies./Andrew M. Mbuvi u. a. (Hg.), Postcolonial Perspectives in African Biblical Interpretations, Atlanta 2012, 1–26.

[9] Siehe Simon Wiesgickl, Das Alte Testament als deutsche Kolonie. Die Neuerfindung des Alten Testaments um 1800, Stuttgart 2018.

Mehr als der Zusammenhang zwischen Wissenschaft und Rassismus: Die langen Schatten des deutschen Kolonialismus

Der deutsche Kolonialismus wird häufig trivialisiert und in seiner Bedeutung heruntergespielt. Zu kurz sei die Zeit gewesen, die die Deutschen überhaupt Kolonien gehabt hätten, und zu unbedeutend die Einflüsse dieser Epoche auf die Geistes- und Kulturgeschichte. Ein vermeintlicher Konsens, der jedoch immer wieder und zunehmend häufiger kritisch hinterfragt wird. Gerade in den Geisteswissenschaften ist es so, dass die erste Formierungsphase zu einer Zeit erfolgte, in der Verbindungen zum europäischen Kolonialismus hergestellt werden können bzw. der europäische Kolonialismus einen wichtigen Interdiskurs der verschiedenen Wissenschaftstraditionen darstellte.[10] Der veränderte Diskurs über den orientalischen Ursprung der Bibel war aufs Engste verwoben mit Diskursen über den Ursprung der Menschenrassen und den Entwicklungsstand nicht-europäischer Völker. Alle drei wiederum waren Teil des europäischen kolonialistischen Nachdenkens. Meine These, die ich noch breiter entfalten werde, lautet, dass sich gerade in der Wissenschaft um 1800 eine spezifische Form des deutschen Kolonialismus beobachten lässt. Damit knüpfe ich an die postkoloniale Forschungstradition an, die sich mit Machtverhältnissen im Spannungsfeld von Kolonisator/Kolonisierten beschäftigt. Die Repräsentation des (exotischen) Anderen und die Produktion von Wissen über Kultur und Religion von Nicht-Europäern stehen im Fokus der postkolonialen Studien. Die Debatte darüber wird seit Edward Saids *Orientalism* (1978) besonders in der Orientalistik und der Islamwissenschaft erbittert geführt und hat eine ganz eigene Forschungsrichtung nach sich gezogen.

Auch in benachbarten Fächern lässt sich diese Fragerichtung beobachten: In der Altertumswissenschaft gibt es seit Bernals *Schwarze[r] Athene* (1992) eine Diskussion um Umfang und Art des institutionalisierten Rassismus innerhalb der eigenen Wissenschaftsdisziplin.[11] Für die Philologie hat Maurice Olender hierzu eine grundsätzliche Studie vorgelegt, und zur Frage nach der Repräsentation des außereuropäischen Anderen in der Geschichte des Westens hat Tzvetan

---

[10] Vgl. dazu die konzeptionellen Überlegungen bei Claudia Bruns/M. Michaela Hampf unter Mitarbeit von Katrin Kämpf, Transnationale Verflechtungen von Rassismen ab 1700. Versuch der Systematisierung eines Forschungsfelds, in: Dies. (Hg.), Wissen – Transfer – Differenz. Transnationale und interdiskursive Verflechtungen von Rassismus ab 1700, Göttingen 2018, 9–63.

[11] Siehe Martin Bernal, Schwarze Athene. Die afroasiatischen Wurzeln der griechischen Antike. Wie das klassische Griechenland ›erfunden‹ wurde, übersetzt v. Joachim Rehork, München 1992.

Todorov gearbeitet[12]. Was allen diesen Werken zu eigen ist, ist, dass ein gern postulierter Neutralitätsanspruch der Wissenschaften abgelehnt wird und stattdessen versucht wird, die Eingebundenheit wissenschaftlicher Forschung in Machtstrukturen deutlich zu machen. Illustrieren wir diesen Zusammenhang doch einmal beispielhaft an den Namensgebern des Humboldt-Forums: Lässt sich etwa zeigen, dass auch die philologischen Forschungen der Humboldt-Brüder Teil eines rassistischen gesellschaftlichen Diskurses waren?

Ein knappes Beispiel soll diese Frage aufnehmen: Alexander diskutiert zwar den Zusammenhang von Abstammung und Sprache und geht auch ausdrücklich auf die Fragestellung ein, ob es etwa »höhere … und niedere … Menschenracen«[13] gebe, jedoch nur, um dann ausdrücklich festzustellen: »… alle sind gleichmäßig zur Freiheit bestimmt«.[14] Hier wird also ein zur damaligen Zeit geführter Diskurs aufgenommen, gleichzeitig jedoch in eine universalistische Richtung fortgeführt. Sein Bruder Wilhelm von Humboldt spricht analog von der Idee,

> »… der Menschlichkeit, das Bestreben, die Gränzen, welche Vorurtheile und einseitige Ansichten aller Art feindselig zwischen die Menschen stellen, aufzuheben, und die gesammte Menschheit, ohne Rücksicht auf Religion, Nation und Farbe, als Einen grossen, nahe verbrüderten Stamm, als Eine zur Erreichung Eines Zweckes, der freien Entwicklung innerlicher Kraft, bestehendes Ganzes zu behandeln«.[15]

Dieses Zitat verdeutlicht, warum sich die Idee eines Museums, das gerade den nationalen Charakter bisheriger Entwürfe überwinden will, auf Humboldt als Namensgeber stützt. Kritisch wäre hierbei anzumerken, ob sich in diesem Gestus des Universalismus nicht zugleich eine hegemoniale Position ausdrückt, die wiederum selbst nicht kolonial zu sein braucht, aber solche Positionen mit ermöglicht hat. In der Forschung werden die angesprochenen Zusammenhänge in präziser Kleinstarbeit diskutiert[16]. Dies soll hier nicht an den Brüdern Humboldt

---

[12] Siehe Maurice Olender, Die Sprachen des Paradieses. Religion, Philologie und Rassentheorie, Frankfurt a. M. 1995; sowie Tzvetan Todorov, Die Eroberung Amerikas. Das Problem des Anderen. Aus dem Französischen v. Wilfried Böhringer, Frankfurt a. M. 1985.

[13] Alexander von Humboldt, Kosmos. Entwurf einer physischen Weltbeschreibung, hg. v. Ottmar Ette/ Oliver Lubrich, Frankfurt a. M. 2004, 384. Vgl. Jürgen Trabant, Alexander von Humboldt über Erdgewalt und Geisteskraft in der Sprache, in: Markus Messling/Ottmar Ette (Hg.), Wort. Macht. Stamm. Rassismus und Determinismus in der Philologie (18./19. Jh.), 139–151, hier: 140.

[14] Humboldt, Kosmos, 84.

[15] Wilhelm von Humboldt, Gesammelte Schriften, 17 Bde., hg. v. Albert Leitzmann u. a., Berlin 1903–1936, Band VI, 38.

[16] Siehe dazu auch Markus Messling, Pariser Orientlektüren. Zu Wilhelm von Humboldts Theorie der Schrift, Paderborn 2008.

geschehen, stattdessen möchte ich nun, wie angeführt, einige Arbeiten vorstellen, die sich mit der Kulturursprungsdebatte und dabei insbesondere mit der deutschen Orientalistik beschäftigt haben. Da die antiken Völker der Griechen, Perser und Ägypter ebenfalls Teil der Museums-Insel sind, wird das neue Museum auch in die Kontinuität dieser Debatte um 1800 gestellt und die alte Frage wieder neu aufgeworfen: Wo liegen die Wurzeln der Deutschen? Was macht ihre spezielle Identität im europäischen und globalen Konzert aus?

Was aus heutiger Sicht wie eine Auseinandersetzung mit Marginalia der Geschichte anmutet, stellt sich in der Sicht der Zeitgenossen um 1800 als drängendes intellektuelles Problem und als Wurzel in der Frage nach Eigenem und Fremdem dar. Nicht umsonst titelte Georg Wilhelm Friedrich Hegel in einem Aufsatz von 1795 »Ist denn Judäa der Thuiskonen Vaterland?«[17] und bezog sich damit auch auf die innereuropäische Auseinandersetzung, die Jürgen Fohrmann als nationalen Wettstreit zwischen französischen und deutschen Dichtern beschrieben hat[18]. Was aus diesen kurzen Anmerkungen deutlich geworden sein sollte, ist, dass die Frage, wie wir heute Fremdheit illustrieren, definieren, repräsentieren und erklären, ganz eng mit den Debatten des ausgehenden 18. Jahrhunderts verknüpft ist. Anhand zweier neuer Forschungsarbeiten zu dieser Zeit soll nun der angerissene Kontext noch einmal deutlicher herausgearbeitet werden.

Vergesst das Kreuz, redet über die wichtigen Dinge! Ofri Ilanys *In Search of the Hebrew People* (2018) und Maike Rauchsteins *Fremde Vergangenheit* (2017)

Religion und religiöse Symbole spielten in der Debatte um das Humboldt-Forum vor allem in der Frage eine Rolle, ob ein Kreuz das Berliner Stadtschloss krönen solle oder nicht. Dies scheint mir eine symbolisch stark aufgeladene Debatte zu sein, die aber gerade den Wesenskern des Humboldt-Forums mit seiner Durchdringung von Kunst, Kultur und Wissenschaft verfehlt. Stattdessen möchte ich den Blick nun auf die enge Verknüpfung von Bibelwissenschaft und nationaler

---

[17] Vgl. dazu Ofri Ilany, Is Judah indeed the Teutonic Fatherland? The Debate over the Hebrew Legacy at the Turn of the 18th Century, in: Naharaim 8 (1) (2014), 31–47.

[18] Siehe dazu Jürgen Fohrmann, Das Projekt der deutschen Literaturgeschichte. Entstehung und Scheitern einer nationalen Poesiegeschichtsschreibung zwischen Humanismus und Deutschem Kaiserreich, Stuttgart 1989, 74–75.

Identität im ausgehenden 18. Jahrhundert lenken und vorschlagen, diese Liaison stärker zu bedenken.

In seiner 2018 auf Englisch erschienenen Dissertation *In Search of the Hebrew People* spürt Ofri Ilany der engen Verbindung zwischen der Entstehung des deutschen Nationalismus und der Neufiguration des hebräischen Volkes ab 1770 nach. Er untersucht dabei eine faszinierende und bisher wenig beleuchtete Phase der deutschen Geistesgeschichte, die durch den starken Einfluss der griechischen Antike im Schatten steht. In den wenigen Jahrzehnten von 1750 bis 1800 kam es zu einer Neubestimmung der Sichtweise auf die Hebräer und arbeiteten sich die wichtigsten Debattenführer der Zunft an der Frage nach dem Stellenwert und der Einordnung der hebräischen Geschichte ab. An einigen historischen Werken untersucht Ilany, inwieweit es zu einem Wechsel im Blick auf die Israeliten gekommen ist und welche Auswirkungen dieser Wechsel innerhalb einer doch eng umrissenen Disziplin wiederum auch für die deutsche Geistesgeschichte hatte. Als beispielhaften Einschnitt stellt Ilany dabei *Die Archäologie der Hebräer* (1773) von Johann Ernst Faber dar. Sein Buch, so Ilany, stehe stellvertretend für eine Geschichtsschreibung, die nicht mit einer Nacherzählung der Heilsgeschichte einsetze, sondern die Geschichte des hebräischen Volks in Verbindung mit der neu aufgekommenen Zivilisations- und Religionsgeschichte entfalte. Paradigmatisch spielen dann nicht zuerst die Erzeltern, sondern die Troglodyten als Rivalen des *Homo sapiens* eine prägende Rolle. Die Hebräer entfernen sich aus dem Rang der Zeitgenossen in die Sphäre erdgeschichtlicher und zivilisationsgeschichtlicher Vorläufer. Abraham wird nicht mehr klassisch als Glaubensvater, sondern jetzt neu als Vater eines Clans beschrieben.[19] Derjenige, der diese neue Sicht entscheidend mit eingeführt hatte, war der Göttinger Philologe und Bibelwissenschaftler Johann David Michaelis gewesen. Er rückte den Fokus vor allem auf die »Lebensart« der Israeliten und wurde zum Pionier in Forschungsfeldern, wie der Untersuchung des »Rechts der Hirten« (25). Michaelis größter Beitrag zur Wissenschaftsgeschichte war jedoch das *Mosaische Recht* (1785²). In diesem mehrbändigen Werk, so Ilany, revolutioniert Michaelis die Debatte um die Gesetze des Moses, indem er einen ethnographischen Zugang wählt und die Hebräer damit ethnifiziert und historisiert. Dieser Zugang war damit auch besonders anschlussfähig an die zeitgleich stattfindende Debatte um den deutschen »National-

---

[19] Ofri Ilany, In Search Of the Hebrew People. Bible and Nation in the German Enlightenment, Bloomington 2018, 20f.

geist« oder »Nationalcharacter« (58ff.) Besonders anschaulich wird diese Verknüpfung an der Debatte um die Kanaanäer und deren Auslöschung durch die Israeliten von Ilany illustriert (66–85). Während die englischen Deisten und französischen Aufklärer mit moralischen Argumenten auf der Seite der Kanaanäer standen, so ergriffen deutsche Bibelwissenschaftler mit unterschiedlichen Argumentationsstrukturen – bis hin zu protorassistischen Gedankengängen – Partei für die Hebräer. Neu an den Begründungen der historisch-kritischen Schule war wiederum der Bezug auf juristische, politische und ethnologische Konzepte. Der Abgrenzung von Frankreich und seiner kulturellen Hegemonie diente auch der starke Rekurs der Dichter des Sturm und Drang auf die hebräische Poesie. Ilany zeigt an Herder, Klopstock und anderen, wie das Hebräische als ursprüngliche und natürliche Sprache konstruiert wurde und das hebräische Modell als kulturell-politische Alternative gegenüber dem griechisch-römischen Modell aufgewertet wurde (87). In der Arbeit Ilanys nimmt der Hinweis auf die Überschneidungen vom Aufstieg der Preußen zur Kontinentalmacht im Siebenjährigen Krieg (1756–1763), der Formierung einer deutschen nationalen Identität und dem zunehmenden Bezug auf die hebräischen Nationalgesänge eine wichtige Rolle ein (96ff.) Mit Blick auf die eingangs angesprochenen Themen des Humboldt-Forums scheint mir diese enge Verknüpfung von Wissenschaft, Patriotismus und Bibellektüre bisher deutlich unterrepräsentiert zu sein. In seinem abschließenden Kapitel zeichnet Ilany nach, wie die von ihm beschriebenen Diskurse politisch und wissenschaftlich ins Abseits gerieten. Die Hinwendung der Klassizisten zu den Griechen und die Betonung des aufklärerischen Universalismus gegenüber der als national empfundenen Hebräischen Bibel sorgten seiner Meinung nach dafür, dass Herder, Michaelis und Konsorten sich nicht durchsetzen konnten (145ff.).

Es stellt sich die Frage, inwiefern die Debatten des ausgehenden 18. Jahrhunderts auch heutige Diskurse mitgestalten. Der bereits erwähnte Göttinger Professor Johann David Michaelis steht auch im Fokus einer weiteren kürzlich erschienenen Dissertation. In *Fremde Vergangenheit* (2017) untersucht Maike Rauchstein, inwiefern sich die Diskurse, in denen Michaelis zu seinen Lebzeiten und schließlich im 20. Jahrhundert verortet wurde, grundlegend geändert haben. Als Leitmotiv kristallisiert sie die Konstruktion einer als fremd erachteten Vergangenheit heraus, die deshalb besonders zum Verstehen nötige (206). Großen Platz nimmt innerhalb des Buches auch die maßgeblich von Michaelis vorbereitete Arabische Reise (1761–1767), die erste wissenschaftliche Orient-Expedition, ein.

Im Hinblick auf diese Exkursion und die Stellung Michaelis' hält sie fest, dass diese eine Reise in die »mosaische Vergangenheit« sei.[20] Mit Eric Achermann argumentiert sie, dass kein koloniales Interesse zu erkennen sei, sondern Michaelis Fragestellung einer rein wissenschaftlichen Begründung folge.[21] Dennoch unterstellt sie Michaelis, dass er der Logik des »*armchair travellers*« verhaftet sei, der seine eigene Studierstube in den Orient verlängert habe. Doch nicht als mangelhaftes Anderes habe er den Orient konstruiert, sondern als das verloren gegangene Eigene.[22] Mit diesem Ergebnis, folgert Rauchstein, könne Michaelis »von der imperialen Verdächtigung freigesprochen werden«(212). Ihm gehe es bei seiner Darstellung der muslimischen und jüdischen Araber nicht um die Abwertung des Fremden, sondern stets nur um die Konstruktion und Suche des Eigenen – in diesem Falle besonders auch des christlichen Glaubens (252).

Wissenschaftsgeschichtlich folgt Ofri Ilany in seiner Darstellung bei aller Neuorientierung letztlich der in der alttestamentlichen Forschungsgeschichte im Blick auf 1800 vorherrschenden Frontstellung von Deismus und Aufklärung versus konservativer Verteidigung der Bibel. Maike Rauchstein wiederum konzentriert sich vor allem auf die Frage nach der Konstruktion von Fremdem und Eigenem und blendet politisch-kulturelle Diskurse weitgehend aus. Das Thema eines deutschen Kolonialismus *avant la lettre* spielt in beiden Arbeiten keine herausragende Rolle. Dies erlaubt es mir, nun als dritte neuere Arbeit meine eigenen Forschungen zum Alten Testament als deutscher Kolonie vorzustellen.

Wie Weltaneignung dekolonisiert werden kann: Das Alte Testament als deutsche Kolonie

In meiner Dissertation *Das Alte Testament als deutsche Kolonie* (2018) habe ich mich mit der Wissenschaftsgeschichte der theologischen Disziplin des Alten Testaments beschäftigt. Die Jahrzehnte zwischen Johann David Michaelis Vorbereitung der Arabien-Exkursion (1761–1767) und Heinrich Ewalds *Morgenländi-*

---

[20] Maike Rauchstein, Fremde Vergangenheit. Zur Orientalistik des Göttinger Gelehrten Johann David Michaelis (1717–1791), Bielefeld 2017, 206.

[21] Siehe Eric Achermann, Reisen zwischen Philologie und Empathie. Michaelis und die Niebuhr-Expedition, in: Wissenschaftliches Reisen – reisende Wissenschaftler. Studien zur Professionalisierung der Reiseformen zwischen 1650 und 1800, hg. v. Christian von Zimmermann, Cardanus, Jahrbuch für Wissenschaftsgeschichte 3 (2002), 51–78.

[22] Siehe dazu Rauchstein, Fremde Vergangenheit, 209.

scher Zeitung (1837) waren von einem rasanten Anstieg des Wissens über fremde Völker geprägt. Deutsche alttestamentliche Wissenschaftler nahmen, wie Ilany aufzeigt, zahlreiche Anleihen an ethnologische Forschungen vor, die dazu beitrugen, dass das Alte Testament in den Augen der Zeitgenossen, aber auch noch aus heutiger Perspektive, ein völlig neues Ansehen gewann. Gerade die deutsche Bibelwissenschaft, die davor ein Schattendasein fristete, lebte mit der Gründung zahlreicher Zeitschriften und der Herausgabe einer Flut an Einführungen auf und überholte international gesehen alle anderen Länder.

Es geht mir in meiner Arbeit nicht darum, die eigentliche Geschichte der Erforschung des Alten Testaments um 1800 zu liefern. Stattdessen wollte ich Elemente einer »selbstreflexiven[n] Ethnologie des Abendlandes«[23] entwickeln, die sich dazu eigneten, Wissensregime und Wirklichkeitskonstruktionen der alttestamentlichen Methoden und ihrer Paradigmen vor dem Hintergrund kolonialer Denkmuster darzustellen. Im Anschluss an literaturwissenschaftliche Forschungen war meine Ausgangsthese: Gerade weil es in Deutschland im Unterschied zu anderen europäischen Ländern um 1800 keine eigenen Kolonien gab, strebten deutsche Wissenschaftler nach der Herrschaft des Geistes.[24] So heißt es bei Friedrich Schiller in einem Fragment über die deutsche Größe:

> »Dem, der den Geist bildet, beherrscht ... zuletzt die Herrschaft werden [muss] ... und das langsamste Volk wird alle die schnellen Flüchtigen einholen ... Das köstliche Gut der deutschen Sprache, die alles ausdrückt, das Tiefste und das Flüchtigste, den Geist, die Seele, die voller Sinn ist. Unsere Sprache wird die Welt beherrschen.«[25]

Dieser Blick auf die Welt, der später zum Kern des deutschen Imperialismus werden sollte, bildete sich entscheidend in den letzten Jahrzehnten des 18. Jahrhunderts heraus. Dieser Blick auf die Welt war geprägt von der Idee, dass sich gerade die Deutschen besonders eigneten, um andere Länder in ihren Sitten und Kulturen neutral darzustellen und zu würdigen. Dieser Blick auf die Welt ist es, von dem ich denke, dass er dekolonisiert werden muss.

---

[23] Michel Foucault, Schriften in vier Bänden, Dits et Ecrits, Bd. 1, 1954–1969, hg. v. Daniel Defert/François Ewald, Frankfurt a. M. 2001, 766f; vgl. Achim Landwehr, Historische Diskursanalyse, Frankfurt a. M./New York 2009², 97.

[24] Siehe beispielhaft dazu Suzanne M. Zantop, Kolonialphantasien im vorkolonialen Deutschland (1770–1870), Berlin 1999.

[25] Friedrich Schiller, Deutsche Größe, in: Schillers Werke, Nationalausgabe, hg. v. Norbert Oellers, Bd. 2,I, Gedichte in der Reihenfolge ihres Erscheinens. 1799–1805 – der geplanten Ausgabe letzter Hand (Prachtausgabe) – aus dem Nachlaß, Weimar 1983, 431.

In meiner Arbeit habe ich mich vor allem auf das Set an Praktiken konzentriert, als das sich die historisch-kritische Methode der alttestamentlichen Wissenschaft kennzeichnen lässt. Der deutsche Kolonialismus um 1800 unterscheidet sich deutlich von allem, was sich später beobachten lässt. Vieles ist noch in der Schwebe und nicht eindeutig festgelegt. Um diesen vielfältigen und sehr ambigen Repräsentationsmustern nachzuspüren, nahm ich den religionswissenschaftlichen Begriff der »Rhetorik der Kontrolle«[26] auf, den David Chidester geprägt hat. Diesen Begriff nutzt er, um deutlich zu machen, inwiefern die wissenschaftliche Aufgabe der Beschreibung fremder Kulturen und Religionen überhaupt erst ihren Gegenstand schafft und zudem auch im Spannungsfeld machtpolitischer Interessen und Ansprüche stattfindet. Chidester spricht davon, dass die koloniale Peripherie eine »*arena of theory*«[27] in dem Sinne sei, dass nicht nur die Peripherie einen Akt des Kolonialismus erlebte, sondern auch die kolonialen Zentren selbst durch den vermittelten Kontakt über Missionar*innen, Reisende und koloniale Administrator*innen kolonisiert wurden. Der Erkenntnisgewinn kann an einem schlagenden Beispiel aus der Philosophiegeschichte verdeutlicht werden. In *Hegel und Haiti* (2011) beschreibt Susan Buck-Morss, was passiert, wenn heutige Fachgrenzen und eine Vernachlässigung des Kolonialismus so dominant werden, dass offensichtliche Bezüge, wie die zwischen Hegel und den Ereignissen auf Haiti zu seiner Zeit, nicht mehr berücksichtigt werden – und welcher Gewinn darin liegt, diesen nachzuspüren. Die angesprochene Schwierigkeit, von kolonialen Perspektiven zu einer Zeit zu sprechen, da eine realpolitische Kolonialphase deutscher Provenienz sich noch lange nicht abzeichnete, berücksichtigte ich mit Hilfe der Konzepte des Nachlebens und der Prä-Emergenz. Die Besonderheiten und Topoi des deutschen Kolonialismus illustrierte ich anhand der ›Kulturursprungsverhandlungen‹ um 1800[28]. Andrea Polaschegg hat in mehreren Veröffentlichungen gezeigt, wie dieser Streit zwischen denjenigen, die die Ursprünge der Deutschen bei den Persern, den Hebräern oder

---

[26] David Chidester, Savage Systems. Colonialism and Comparative Religion in Southern Africa, Charlottesville/London 1996, 2. Eine Anwendung auf das Feld der Religionswissenschaft in systematischer Perspektive wird geboten in David Chidester, Primitive Texts, Savage Contexts: Contextualising the Study of Religion in Colonial Contexts, in: Method and Theory of the Study of Religion 15 (2003), 272–283.

[27] Chidester, Savage Systems, xiv.

[28] Siehe dazu Andrea Polaschegg, Der andere Orientalismus. Regeln deutsch-morgenländischer Imagination im 19. Jahrhundert, Berlin/New York 2005; außerdem Andrea Polaschegg, Athen am Nil oder Jerusalem am Ganges? Der Streit um den kulturellen Ursprung um 1800, in: Alexandra Böhm/Monika Sproll (Hg.), Fremde Figuren. Alterisierungen in Kunst, Wissenschaft und Anthropologie um 1800, Würzburg 2008, 41–65.

den Griechen verorteten, eine ganze Epoche prägte. In diese Zeit und die intensive Auseinandersetzung mit fremden Kulturen der Antike und der neu entdeckten Gegenden der Welt fällt auch die Herausbildung eines bestimmten Habitus. Dieser Gestus ist teilweise bis heute noch sichtbar: Die offensichtliche Schwäche, Rückständigkeit im Vergleich zu anderen europäischen Mächten und Partikularität Deutschlands – wie sie gegen Ende des 18. Jahrhunderts augenfällig bestand – wird umgedeutet in die Voraussetzung des allein deutschen Verständnisses für andere Kulturen und deren Alterität. Auf heute übertragen: Andere Hauptstädte besitzen schon längst die entsprechenden Museen wie das Humboldt-Forum. Dieses deutsche Museum soll jetzt natürlich nicht der eigenen Profilierung dienen, sondern als wahres Weltmuseum zum unabhängigen Mittler fremder Kulturen werden. Was dabei fremd ist und wie damit umgegangen wird, legt die Preußen-Stiftung fest.

Der Blick auf die religionsproduktive Wende zum 19. Jahrhundert diente mir dazu, mehrere Lücken der Forschung zu schließen und an bereits erfolgte Forschungsergebnisse anzuschließen. In Anlehnung an die These Edward Saids von einer »Revolution in der Bibelforschung«[29] versuchte ich zu zeigen, wie das in den neu entdeckten Ländern gesammelte Wissen über fremde Religionen nun in den klassischen Kanon eingespeist wurde – sozusagen eine Fortführung dessen, was Urs App in *The Birth of Orientalism* (2010) vorgelegt hat. Zugleich lässt sich meine Arbeit damit auch als eine Verlängerung der von Hans Kippenberg in seiner *Entdeckung der Religionsgeschichte* (1997) vorgelegten Verwebung der Religionswissenschaft mit den sie begleitenden und bestimmenden Diskursen verstehen. Oder noch einmal von einer anderen Seite betrachtet, als Anwendung ethnologischer Theoriebildung auf das Feld der alttestamentlichen Wissenschaftsgeschichte. Dies folgt der Einsicht, dass

> »eine Disziplin, um sich zu sich selbst kritisch zu verhalten, eine Geschichte nicht nur ihrer Ergebnisse, sondern auch ihrer Suchverfahren, das heißt ihrer Praktiken der Wissensproduktion und -präsentation, braucht«.[30]

Was folgt nun aus diesen Anfangsprämissen, und wie lauten meine Ergebnisse? In einem weiteren Schritt möchte ich nun in gebotener Kürze den Ertrag meiner Forschungsarbeit vorstellen und mit dem gewählten Thema dieses Aufsatzes in

---

[29] Edward Said, Orientalismus. Aus dem Englischen v. Hans Günther Holl, Frankfurt a. M. 2014[4], 27.
[30] Johannes Fabian, Im Tropenfieber. Wissenschaft und Wahn in der Erforschung Zentralafrikas, München 2001, 27.

Beziehung setzen. Dies geschieht an drei beispielhaften Querschnittsthemen, die schließlich auch jene sind, die m. E. dekolonisiert werden müssten.

Let's talk about: Wissenschaftsverständnis, Reisebeschreibung als Machttechnik, Metaphorik vom Kindheitsalter der Menschheit

Zentrale Elemente meiner Forschung, die auch für jene spannend sind, die sich nicht für die Fachgeschichte des Alten Testaments begeistern können, sind (1) ein erneuertes Wissenschaftsverständnis, das eine Mittlerposition deutscher Wissenschaftler konstruiert; (2) die Etablierung der Reisebeschreibung als Wissenschaftspraxis und Machttechnik; (3) die Entstehung der Religionsgeschichte und die damit verbundene Hierarchisierung, die sich u. a. in der Rede vom sogenannten *Kindheitsalter der Menschheit* ausdrückt.

Für die Jahrzehnte um 1800 lässt sich von einer Neuerfindung des Alten Testaments unter der Führung deutschsprachiger Wissenschaftler sprechen. Dabei lassen sich zahlreiche Vernetzungen mit Diskursen aufzeigen, die zur Schaffung einer nationalen Identität beigetragen haben. Diese Diskurse lassen sich auch im Hinblick auf ein *erneuertes deutsches Wissenschaftsverständnis* beobachten. Zentrale Themen innerhalb dieser Diskurse waren Innerlichkeit und ein Verständnis des Anderen. Der Ton moralischer Überlegenheit und die Selbststilisierung als unterlegenes, teilweise auch kolonisiertes Volk sprechen für eine Interpretation dieser Ausdrucksformen als Kolonialismus zweiter Ordnung (Berman). Zwar verfügte Deutschland erst seit 1884 offiziell über Kolonien, doch ging dieser Phase des amtlichen deutschen Kolonialismus eine längere Vorgeschichte voraus. Suzanne M. Zantop legt dar, wie ein »latentes, diffuses Kolonialstreben« sich um 1770 ausbreitete und dabei teilweise auch in »antikolonialistischer Tarnung« auftrat, d. h. nicht so sehr darauf ausgelegt war, eine Eroberung und Verfügungsgewalt fremder Länder zu imaginieren, sondern stattdessen eher von einem familiären und freundlichen Rahmen bestimmt war.[31] Nichtsdestoweniger ist diese koloniale Phantasie, die sich in zahlreichen literarischen Werken, aber auch wissenschaftlichen Aufsätzen und politischen Traktaten finden lässt, nicht zu unterschätzen: Deutsche Kolonialherrschaftsphantasien schrieben die Kolonialgeschichten anderer Länder um und erschufen so eine fiktive Kolonialge-

---

[31] Siehe Zantop, Kolonialphantasien, 10.

schichte in der Imagination ihrer Leserinnen und Leser.[32] Gerade die Kritik an den kolonialen Gewalt- und Machtexzessen anderer Mächte in Aufnahme, Revision und auch Weiterentwicklung der theoretischen Fundierungen bot die Möglichkeit, literarische Repräsentationen kolonialen Zuschnitts zu schaffen.[33] Indem deutsche Leser ab den 1780er Jahren mehr Reiseliteratur konsumierten als andere Europäer, wurde es den »Lehnstuhl-Reisenden« möglich, intellektuelle Hegemonialansprüche zu verwirklichen und sich so gleichsam andere Länder und Objekte anzueignen. Allein Georg Forster hat 165 Reisebeschreibungen rezensiert, übersetzt und herausgegeben und damit die deutsche »Antheilnahme« an der europäischen Entdeckung fremder Welten eindrucksvoll unterstrichen.[34] Die geistige Eroberung der Welt unterschied sich nun in Deutschland in signifikanter Weise von anderen Ländern, weshalb von einem imitativen Sekundär-Kolonialismus gesprochen werden kann.[35] Auf den Bereich der Literatur und Berichte aus aller Welt angewendet zeigt sich auch ein anderes Erkenntnisinteresse: Gerade weil sie keine eigenen Kolonialinteressen verfolgten, nahmen deutsche Schriftsteller eine Mittler-Position ein und versuchten sich in der Rolle eines unbeteiligten Beobachters, dem die Rolle zufällt, das vorhandene und von anderen gesammelte Material zu bewerten, kritisch zu sichten und dessen Authentizität zu beurteilen.[36] Hier ist die Verbindung zwischen der neu gewonnenen und national eingefärbten Wissenschaftlichkeit und der kolonialen Situation mit Händen zu greifen: Als vermeintlich interesselose Beobachter prüften die deutschen Editoren Berichte, verglichen mit Originaltexten und kommentierten und kategorisierten das Material.

Die *Reisebeschreibung als wissenschaftliche Methode* hat mit dazu beigetragen, »Kolonien zu schaffen und ethnozentrische Perspektiven zu festigen«[37]. Anhand einer umfänglichen Analyse der Vorbereitungen der Orient-Expedition Niebuhrs durch Johann David Michaelis und der Reisetaktiken lässt sich zeigen,

---

[32] Siehe a. a. O. 11.

[33] Siehe a. a. O. 16.

[34] Siehe Helmut Peitsch, Deutsche ›Antheilnahme‹ an der europäischen Expansion. Georg Forster über die Bedeutung der Reisen der »Seemächte« für das deutsche »Publikum«, in: Iwan-Michelangelo D›Aprile/ Ricardo K. S. Mak (Hg.), Aufklärung – Evolution – Globalgeschichte, Saarbrücken 2010, 257–308, hier: 265.

[35] Siehe hierzu Russel A. Berman, Der ewige Zweite. Deutschlands Sekundärkolonialismus, in: Birthe Kundrus (Hg.), Phantasiereiche: Zur Kulturgeschichte des deutschen Kolonialismus, Frankfurt a. M./ New York 2003.

[36] Siehe Zantop, Kolonialphantasien, 55.

[37] Said, Orientalismus, 142.

inwiefern die Reisebeschreibung als Machttechnik gedeutet werden kann. Leitend für diese Art der Beobachtung ist vor allem das *Sehen*. Als paradigmatisch für Niebuhrs Forschungen kann deshalb gerade das Astrolabium gelten, das für seine Methodik zentral ist. Lucian Reinfandt charakterisiert die Forschungsweise Niebuhrs anhand des Astrolabiums wie folgt:

> »Einerseits muß man durch das Gerät hindurch die Objekte betrachten, wodurch eine physische Distanz entsteht. Andererseits aber dreht das Gerät die betrachteten Gegenstände kurioserweise auch optisch auf den Kopf. Jede Verbindung mit dem Objekt erscheint nun vollkommen unmöglich, ja sinnlos. Die Messung aber wird erst jetzt richtig genau. Niebuhr taucht nicht in den Orient ein, nimmt ihn nicht auf, erhebt sich aber auch nicht über ihn, möchte ihn nicht verändern. Vielmehr tritt er ihm gegenüber und mißt – die Höhe der Pyramiden und die Richtungen der Straßen in den Städten, den Verlauf des Nils und die Lage von Dörfern. Ebenso aber ›vermißt‹ er auch Gesellschaft und Kultur des Landes. Die Menschen sind auf ihre sozialen Funktionen reduziert (Ämter, Kopfbedeckungen). Das Land setzt sich aus seinen Teilen zusammen. Dadurch bekommt der Reisebericht einen statischen, überzeitlichen Charakter.«[38]

Gerade diese Konstruktion eines objektiven und scheinbar unparteiischen Gesichtssinns mit dem Vorrang des Sehens, der hier durch die Apparatur des Astrolabiums in wissenschaftlicher Perfektion erscheint, deutet Fabian als eine kulturspezifische und ideologische Vorstellung.[39] Das 18. Jahrhundert steht für einen Umbruch der Weltwahrnehmung, die sich auch in den Reiseberichten ausdrückt.[40] Wenn Edward Said das *Tableau historique* (1802) von Silvestre de Sacy als ›Benthamsches Panoptikum‹ bezeichnet[41], so macht er auch darauf aufmerksam, inwiefern die wissenschaftliche Methodik als eine spezielle Machttechnik gedeutet werden kann. Denn dieses Tableau ist dazu gedacht, den Zustand und den Fortschritt der Künste und der Wissenschaften aufzuzeigen und für die Studierenden aufzubereiten. Auch der Reisebericht Niebuhrs mit dem Paradigma des Astrolabiums und dem statischen und überzeitlichen Charakter dient dazu,

---

[38] Lucian Reinfandt, Vierzig Jahrhunderte mit dem Astrolabium auf den Kopf gestellt. Carsten Niebuhr in Ägypten, in: Josef Wiesehöfer/Stephan Conermann (Hg.), Carsten Niebuhr (1733–1815) und seine Zeit. Beiträge eines interdisziplinären Symposiums vom 7.–10. Oktober 1999 in Eutin, Stuttgart 2002, 105–119, hier: 119.

[39] Siehe Fabian, Im Tropenfieber, 250.

[40] Siehe Hans-Jürgen Lüsebrink, Von der Faszination zur Wissenssystematisierung: Die koloniale Welt im Diskurs der europäischen Aufklärung, in: Ders (Hg.), Das Europa der Aufklärung und die außereuropäische koloniale Welt, Göttingen 2006, 9–18, hier: 11.

[41] Siehe Said, Orientalismus, 152.

Autorität über den Orient zu erlangen. Insbesondere die Vorstellung einer Allochronie, die sich in dem prägenden Gedanken der Reise nach Arabien als Reise in die Vergangenheit ausdrückt, ermöglicht es, die Reisebeschreibung als orientalistisches Instrument einzuordnen. Mit Hilfe der neugewonnenen naturwissenschaftlichen Fragestellungen wird der Orient als ein homogener und essentialisierter Raum konstruiert, dem der deutsche Professor ein Archiv neuer Erkenntnisse und Entdeckungen abgewinnen kann, bei dem die Stimme der Einheimischen zu bloßen ›Informanten‹ wird und das Expertentum einseitig auf Seiten der Europäer zu finden ist. Die Ambivalenzen und Perspektivwechsel, die noch bei Niebuhr das dynamische Potenzial der Wissenserweiterung ausgedrückt hatten, werden bei Michaelis zu einem linearen Konzept verengt. Die Stimmen der ›Anderen‹ oder Gegendiskurse tauchen hier nicht mehr auf, stattdessen dient das Expertenwissen im Feld orientalistischer Forschung als Kapital und Mittel zur Erlangung von Souveränität auch im politisch-rechtlichen Diskurs der Zeit.

Seit dem Beginn der Diskussion um den Orientalismus ist die Gegenüberstellung des rationalen Abendländers und des sinnlich-religiösen Morgenländers ein häufig überführtes Klischee. Spannend ist jedoch, dass dieses in der Diskussion um die Hebräer auch zeitlich markiert wurde. Das damit verbundene *Leitmotiv von einem Kindheitsalter der Menschheit* kann als Teil einer Mehrfachmarkierung der biblischen Texte verstanden werden, die es erlaubte,

> »das Kerninventar an ›orientalistischen‹ Stereotypen … nicht nur auf einer synchronen, räumlich-soziokulturellen Ebene zu verorten, sondern gleichzeitig mit einem zeitlichen genetischen Index zu versehen«.[42]

Herder schreibt in seiner *Ältesten Urkunde des Menschengeschlechts* (1774)[43] vom »einfältig, erhabnen Anfange« (21) und dem »einfältigen, sinnlichen Morgenländer« (22). Verdichtet schließlich ist diese Rede in der »Fabel jenes Wilden« (25), der niedersinkt und betet und so die »Geschichte des Gefühls aller Menschen« (25) wiedergibt, nur dass er dieses stets auf Gott bezieht, ist er doch der »Gottfühlende Morgenländer« (25).

Der außereuropäische »Wilde« ist somit zugleich der ursprünglich religiöse

---

[42] Jan Loop, Von dem Geschmack der morgenländischen Dichtkunst. Orientalistik und Bibelexegese bei Huet, Michaelis und Herder, in: Daniel Weidner (Hg.), Urpoesie und Morgenland. Johann Gottfried Herders Vom Geist der Ebräischen Poesie, Berlin 2008, 155–183, hier: 176.

[43] Johann Gottfried Herder, Aelteste Urkunde des Menschengeschlechts. Erster Theil. Eine nach Jahrhunderten enthüllte heilige Schrift, Riga 1774, 21.

Andere. Diese Deutung lässt sich auch an vielen der Exponate in den Museen noch heute aufzeigen. Eine Neudeutung, die außerdem in engem Zusammenhang mit der Bibelforschung steht, wie sich an Johann Gottfried Eichhorns Genesis-kommentar aufzeigen lässt. Die zentrale Stellung der Hebräer bei der Herausbildung einer teleologischen Deutung der Geschichte in Entwicklungsstufen lässt sich auch bei Gotthold Ephraim Lessing in seinem *Die Erziehung des Menschengeschlechts* (1780) beobachten. Gott wird als ein Erzieher dargestellt, der die ›Kräfte des Menschen‹ in einer gewissen Ordnung zu entwickeln habe und somit den ›ersten Menschen‹ nur eine beschränkte Portion zuzumuten gedachte.[44] Um ein exemplarisches Lernen dem Menschengeschlechte ermöglichen zu können, wählte Gott dann

> »sich ein einzelnes Volk zu seiner besonderen Erziehung; und eben das ungeschliffenste, das verwildertste um mit ihm ganz von vorn anfangen zu können«. (13)

Dieses rohe Volk, die Israeliten, führte Gott nun ganz allmählich an höhere religiöse Ideen, wie etwa einen Monotheismus, heran, bediente sich dabei jedoch der dem Entwicklungsstand angemessenen Erziehungsmethoden und damit »unmittelbare[r] sinnliche[r] Strafen und Belohnungen« (18).

Soweit meine Zusammenfassung der Ergebnisse meiner Studien. Darin habe ich also versucht zu zeigen, wie Europäer um 1800 »›Welt‹ in sich auf (genommen) ... und umgekehrt weit über die Grenzen des europäischen Kontinents hinaus«[45] gewirkt haben, um eine Formulierung von Jürgen Osterhammel aufzugreifen. Meines Erachtens sind es jene drei dargestellten Elemente, die häufig das Narrativ vom Sammeln und der Weltaneignung, wie sie durch Museen geschieht, prägen. Ohne diese konsequent zu thematisieren, in genealogischer Klarheit zu historisieren und schließlich zu dekolonisieren, wird es nicht gelingen, ein Weltmuseum ins 21. Jahrhundert zu transformieren.

Fazit: Auf dem Weg zu einer Dekolonisierung der Weltaneignung

Doch wie kann es nun konkret gelingen, Weltaneignung zu dekolonisieren? Meine Forschungsergebnisse verstehe ich als Fingerzeig in diese Richtung. Um

---

[44] Siehe Gotthold Ephraim Lessing, Die Erziehung des Menschengeschlechts, Berlin 1870, 10f.
[45] Jürgen Osterhammel, Die Entzauberung Asiens. Europa und die asiatischen Reiche im 18. Jahrhundert, München 2010, 407.

noch einmal auf das Eingangsbeispiel und die Frage nach dem Umgang mit Artefakten aus der Kolonialzeit einzugehen: Die Fragestellung müsste doch eigentlich nicht nur lauten, woher ein Museumsstück stammt und welche Gesellschaften berechtigt Ansprüche darauf anmelden können, sondern vor allem, warum dieses Stück seinen Weg in ein deutsches Museum gefunden hat. Der Weg des Fremd-Werdens ist das Interessante: Wer war der Sammler und mit welchem Interesse hat er jenes Stück mitgenommen? Und zugespitzter: Warum eignete sich gerade jenes Artefakt besonders gut, um nicht nur Fremdheit zu illustrieren, sondern dadurch auch ein Eigenes zu schaffen? Denn das sollte in meinen Ausführungen klar geworden sein: Dass die Konstruktion des Fremden und Anderen unglaublich erhellend ist, um deutlich zu machen, wie das Eigene gedacht wurde. Die Umkehrung des ethnologischen Blicks könnte man das nennen.

Eine solche Anwendung postkolonialer Theologie passt dann ausgezeichnet in das Bild interkultureller Theologie als Kunst des Perspektivwechsels.[46] Vereinfacht ließe sich sagen, dass eine neokoloniale Haltung Fragen nach Restitution einfach ignoriert oder mit fadenscheinigen Argumenten abperlen lässt; eine antikoloniale Haltung bei der Forderung nach Restitution stehen bleibt und damit in die Gefahr von Essentialisierungen gerät; eine postkoloniale Haltung jedoch die Restitution als Anlass nimmt, Perspektivwechsel einzuüben und die dahinterstehende Logik des Sammelns und der Repräsentation in Frage zu stellen.

(Dr. Simon Wiesgickl ist Vikar der Ev.-Luth. Landeskirche in Bayern und war von 2013 bis 2016 Assistent am Lehrstuhl für Religions- und Missionswissenschaft der Friedrich-Alexander-Universität Erlangen-Nürnberg)

---

[46] Siehe dazu auch die Überlegungen zur Interkulturellen Theologie bei Claudia Jahnel / Simon Wiesgickl, Africa for Norway – Interkulturelle Theologie als die Kunst des Perspektivwechsels, in: ZMiss 43 (3/2017), 222–235.

ABSTRACT

In the spring of 2018, German newspapers and intellectuals started debating about the restitution of cultural goods. Cultural theoreticist Bénédicte Savoy argues for a transnational museum in regard to the Berlin Humboldt-Forum. But what about German history and its close but neglected ties to colonialism? This article tries to connect the debate with some new monographs on the history of German orientalism around 1800. In this period, Ofri Ilany and Maike Rauchstein show that a new perspective on what is foreign and what is German was at stake. In order to decolonize one's perception of the world, one should take a closer look at this chapter of German history. The author presents his own doctoral thesis and argues that the Old Testament was rewritten and established as German colony between 1770 and 1810. By analysing this specific operation it is possible to learn about German scientific culture, ethnological methods still at use and the entanglement of religion and culture. The article closes with some remarks on how to decolonize the debate of the Humboldt-Forum in Berlin.

Gemeinsam Christsein – Potenziale und Ressourcen:

Bericht einer Tagung zur Neueröffnung des Ökumenischen Instituts Bochum, 4.–5. Oktober 2018

Lisanne Teuchert

Zwar mag der Eindruck ökumenischer Stagnation täuschen und das Zeitalter der Post-Ökumene noch nicht angebrochen sein[1], aber dass die Praxis der Ökumene sich vor vielfältige Herausforderungen gestellt sieht, auf die die Disziplin der Ökumenik mit verschiedenen Herangehensweisen reagiert, gehört freilich auch zu den Signaturen unserer Zeit. Dazu zählen die Pluralisierung der religiösen – und auch areligiösen – Landschaft, das Stichwort Patchwork-Religiosität sowie vielfältige Spannungslagen in kultureller, politischer und gesellschaftlicher Hinsicht, die die »ökumenische christliche Identität nicht unberührt lassen und im Horizont eines gemeinsamen Engagements der christlichen Kirchen in dieser Gesellschaft gestaltet und thematisiert werden müssen«, so der Ausschreibungstext der Tagung.

Auf diese spannungsreiche Situation zu reagieren hatte sich die Konferenz »Gemeinsam Christsein – Potenziale und Ressourcen« am 4.–5. Oktober 2018 in Bochum zur Aufgabe gemacht. Anlass war die Neueröffnung des Ökumenischen Instituts: Nach einer längeren Vakanz des Lehrstuhls, mit dem die Leitung des Instituts verbunden ist, brachte die neue Leiterin Rebekka A. Klein Vertreterinnen und Vertreter unterschiedlichster Ansätze zusammen, um die Ausrichtung des Instituts in seiner nächsten Phase auszuloten. Dies bedingte einen weitge-

---

[1] Vgl. Bernd Oberdorfer, Gelebte Gemeinschaft. Ökumene in lutherischer Perspektive, hg. von Johannes Dieckow und Gundof Holfert im Auftrag der Kirchenleitung der Vereinigten Evangelisch-Lutherischen Kirche Deutschlands (VELKD), Hannover 2018, 88f.

hend programmatischen Charakter der Tagung, bei der die Reibungsflächen zwischen aktuellen Herangehensweisen an die Ökumene deutlich hervortraten: Während die Komparative und die Interreligiöse Theologie vergleichbare Elemente in verschiedenen Konfessionen und Religionen ausmachen, betont die poststrukturalistische Perspektive deren bleibende Inkommensurabilität. Die postkoloniale Theologie begrüßt die Entwicklung eines lokalen Selbstbewusstseins an den ‚Rändern' (*margins*) des globalen Gefüges, während andere darin die Gefahr eines destruktiven Ethnizismus und Nationalismus erkennen. In der Diskussion wurde insgesamt darum gerungen, ob und wie ein einheitliches Ziel der ökumenischen ‚Bewegung' angesteuert werden kann oder ob es zunächst darum geht, gemeinsames Leben in aller Offenheit zu pflegen. Wie deutlich wurde, potenziert sich die Problemstellung einer gegenwärtigen Ökumene dadurch, dass sich die Pluralität zwischen Religionen und Konfessionen auch innerhalb dieser fortsetzt.

Evangelische und katholische Theologinnen und Theologen sowie der Islamologe Bassam Tibi stellten ihre Vorstellungen und Visionen einer Ökumene im 21. Jahrhundert dar. *Ulrich H.J. Körtner* betonte die Notwendigkeit einer Hermeneutik der Differenzen in einer dynamischen ökumenischen Landschaft und legte dar, warum die Reflexion auf eine Diaspora-Existenz der Kirche für eine Ökumene im 21. Jahrhundert von zentraler Bedeutung sein wird. *Hans-Peter Großhans* machte detailreich die intra- und interkonfessionelle Pluralität des Christentums deutlich, die jedoch nicht zwingend konfliktiven Charakter haben muss. *Wolfgang Thönissen* plädierte für ein dynamisches und differenziertes Verständnis gemeinsamer christlicher Identität. *André Munzinger* lotete Strukturparallelen zwischen Kosmopolitismus und Ökumene aus. *Perry Schmidt-Leukel* vertrat die These, dass Religionen fraktale Strukturen ausbilden, d.h. sich in sich selbst unendlich vervielfältigende Muster, die sich quer zu Grenzen der positiven Religionen wiederfinden, und insofern nur eine interreligiös-vergleichende Perspektive dem Themenfeld gerecht wird. *Markus Mühling* verstand Ökumene als Bewegung des *wayfaring*, d.h. des atentionalen Bewegens, bei dem die Resonanz zur Umwelt und die Bewegung selbst das Entscheidende darstellen – jenseits vorstrukturierender Zielvorgaben der ökumenischen Einigung. *Marianne Moyaert* stellte das Programm einer grenzüberschreitenden und textbasierten, aber ritualoffenen Komparativen Theologie vor. *Risto Saarinen* fokussierte das Konzept gegenseitiger Anerkennung in der Ökumene und wies für dieses philosophisch sehr beachtete Konzept auch breite theologische Wurzeln aus.

Claudia Jahnel plädierte aus interkultureller und postkolonialer Perspektive für eine lokal geerdete Einheitsvorstellung der Ökumene, die den ProtagonistInnen vor Ort Deutungsmacht verleiht (»vernakulare Ökumene«). *Annemarie Mayer* dachte über die Zukunft einer Ökumene der Institutionen nach, die ein stabiles Spannungssystem zwischen Spontaneität und Struktur bietet und sich der »Verpflichtung auf das schwierige Ganze« in einem gemeinsamen Wahrheitshorizont nicht entzieht. *Bassam Tibi* mahnte u.a. eine Reform des Islam und eine selbstbewusste Haltung des Christentums auf der Basis gemeinsamer Anerkennung der Gleichwertigkeit aller Religionen an. *Michael Weinrich*, der das Institut zuletzt geleitet hatte, formulierte in seinem Grußwort das Desiderat einer Differenzkultur in der Ökumene, die einen bewussten Umgang mit Verschiedenheit einschließt, sowie der Berücksichtigung nicht-theologischer Faktoren in der Ökumene, da gerade in einer Zeit sich ändernder gesellschaftlicher Spielregeln, deren Einfluss wachse.

Fragen, die rege Diskussionen hervorriefen, waren: Sind Differenzen innerhalb des Christentums ein bedauernswerter oder begrüßenswerter Zustand, und zwar in welchem Maß und aufgrund welcher Deutung? Welche einende Kraft kann von der Berufung auf Jesus Christus als Name, Person oder Gehalt ausgehen? Braucht die Ökumenik einen interreligiösen Horizont oder handelt es sich um verschiedene Zuständigkeiten? Weist eine universalistische Ethik die Zukunft für eine Beschäftigung mit der Weltchristenheit und ihrem internen Pluralismus oder stellen Rationalismus und Universalismus den imperialistischen Export einer westlichen Idee dar?

So bot die Tagung insgesamt einen weitreichenden Überblick über die aktuelle deutsche und europäische Landschaft der Forschung, die sich im engeren und weiteren Sinn der Ökumene widmet oder für ihr Themenfeld Relevanz entfalten. Deutlich wurde, dass die Ökumene als Fach Berührungsflächen mit gesellschaftlichen Grundfragen hat, wie sie die öffentliche Debatte im Moment prägen: der Umgang mit Differenz und gleichzeitiger Solidarität, die Frage nach Wahrheit in pluralen Sozialgefügen, das Ungleichgewicht zwischen Mehrheit und Minderheit. Außerdem scheint es, als ob nicht nur in der Praxis der Ökumene Einigungsprozesse und gemeinsame Zielvorstellungen schwierig zu erringen sind, sondern ebenfalls zwischen unterschiedlichen Paradigmen innerhalb des Fachs. Allerdings werden auch hier durch Spannungen produktive Gespräche erzeugt.

Die Beiträge der Tagung werden in Kürze in einem Sammelband veröffentlicht; ergänzt um einen Beitrag der ausrichtenden Leiterin Rebekka A. Klein zum Thema Demut im Rahmen eines ökumenischen Ethos der Kirchen sowie einen Beitrag von Stefan Dienstbeck zu Verletzlichkeit im ökumenischen Dialog. Die Verortung des Ökumenischen Instituts in der aufgeworfenen Landschaft der Forschung diskutiert der wissenschaftliche Beirat des Instituts, u.a. mit einem Workshop am 22. März 2019.

»Current Migration and Religion. A Transnational Discourse«

Bericht über eine Tagung im Landgut Castelen in Kaiseraugst bei Basel, 28.–30. Juni 2018.

Katrin Kusmierz

Wie der Titel »Current Migration and Religion. A Transnational Discourse« besagt, war die äusserst anregende Fachtagung als kontextübergreifendes Gespräch angelegt, als ein gemeinsames Projekt von Forschenden verschiedener, auf drei Kontinenten beheimateten, Institutionen. Neben Prof. Andrea Bieler (Theologische Fakultät der Universität Basel) waren dies Prof. Isolde Karle (Institut für Religion und Gesellschaft der Universität Bochum), Prof. Ilona Nord (Julius-Maximilians-Universität Würzburg), Prof. Federico Settler (University of Kwa-Zulu/Natal, Pietermaritzburg/Durban), der jedoch leider an der Teilnahme verhindert war und Prof. HyeRan Kim-Cragg (St. Andrews College in Sascatoon, Kanada). Eingeladen waren fünfzehn Beitragende sowie ein kleiner Kreis weiterer Gäste. Unterstützt wurde die Tagung vom Schweizerischen Nationalfonds sowie von der Freiwilligen Akademischen Gesellschaft Basel.

Die Transnationalität des Gesprächs über Migration machte einen wesentlichen Reiz der Tagung aus. Es wurde deutlich, wie die verschiedenen Kontexte die Debatte über Migration prägen und dabei ähnliche wie auch andersgelagerte Fragen aufwerfen. Während die Schweiz und Deutschland Gesellschaften sind, die einerseits selber eine Auswanderungsgeschichte haben und andererseits in den letzten rund 60 Jahren zu typischen Empfangsländern wurden, sind Kanada und Südafrika Siedlergesellschaften mit konfliktträchtiger kolonialer Vergangenheit. Migration ist auch in Kanada und Südafrika gegenwärtig ein politisch und gesellschaftlich brisantes Thema. So ist Südafrika in den letzten zehn Jahren ebenfalls zu einem Anziehungspunkt für Migranten und Migrantinnen aus ganz Afrika geworden, was zu erheblichen Spannungen im Land führte. Hinzu kommt, dass im Kontext des südlichen Afrikas Grenzen nicht historisch gewachsen sind, sondern relativ willkürlich von Kolonialmächten gesetzt wurden. Migrierende in diesem Kontext überschreiten also Grenzen, die es vor der Kolonialisierung so nicht gab. Buhle Mpofu (University of KwaZulu/Natal) sprach deshalb auch von der Notwendigkeit Grenzen und Migration zu dekolonialisieren. Auch in Kanada bildet die Geschichte einer Siedlergesellschaft, die die ersten Einwohner und Einwohnerinnen des Landes in eine gesellschaftliche, politische und ökonomische Minderheitenrolle gedrängt hat, den Hintergrund gegenwärtiger Migrationsdebatten.

Unbestritten ist, dass Religion im Kontext Migration eine grosse Rolle spielt. Die Tagung hat viele unterschiedliche Aspekte dieses Verhältnisses beleuchtet. Aus dieser Fülle können hier nur einige wenige Themen herausgegriffen werden.

Viele Menschen, die aus ihren Herkunftsländern auswandern, sind religiös geprägt. Religion wandert mit den Migrierenden mit in religiös und kulturell anders geprägte Kontexte hinein. Dabei kann sie sich als Ressource erweisen, die Menschen auf der Flucht stärkt und Resilienz fördert. Sie ist gleichzeitig Chance und Herausforderung im Prozess der Integration. »Religious and Social Resources in the Context of Migration«, lautete denn auch der Titel eines der Tagungspanels mit Jula Well (Bochum), Claudia Hoffmann (Basel) und Henrietta Nyamnjoh (Cape Town). Wenn Migration zunehmend als transnationale Bewegung mit bleibenden Verbindungslinien in Herkunfts- und Ankunftsländern zu verstehen ist – wie Ludger Pries, Soziologe aus Bochum ausgeführt hat – als »pluri-local life« zwischen verschiedenen geographischen und sozialen Räumen, so ist Religion ebenfalls nur in diesem plurilokalen Kontext zu verorten. Besonders deutlich wird dies am Beispiel von transnationalen »Migrationskirchen«, die Menschen in ihrer neuen Heimat untereinander, aber auch mit sozialen Netzen in den Ursprungsländern verbindet. In diesen vielfältigen Bezügen verändern sich Religion, religiöse Werte und religiöse Praktiken, und nicht nur jene der Migranten und Migrantinnen, sondern auch Religion und religiöse Gemeinschaften in den Aufnahmeländern. Wie diese religiösen Netzwerke gebildet werden, welche wechselseitigen Begegnungsräume und Reibungsflächen entstehen, zeigte bspw. Claudia Hoffmann in ihrem Beitrag über Migrationskirchen in der Schweiz.

Migration ist zudem ein Thema, das gewichtige theologische Fragestellungen evoziert, die auf einem weiteren Panel mit Isolde Karle (Bochum), Thomas Reynolds (Toronto), HyeRan Kim-Cragg (Saskatoon) und Trygve E. Wyller (Oslo) unter dem Titel »Challening hospitality?! Migration as a Locus of Theological Reflection« diskutiert wurden. Wie Isolde Karle zunächst zeigte, ist das Thema Migration, der Umgang mit Fremden, wichtiger »Teil der biblischen DNA«. Dabei wird eine eindeutige ethische Gewichtung vorgenommen: »Wenn ein Fremdling bei euch wohnt in eurem Lande, den sollt ihr nicht bedrücken. Er soll bei euch wohnen wie ein Einheimischer unter euch, und du sollst ihn lieben wie dich selbst; denn ihr seid auch Fremdlinge gewesen in Ägyptenland« heisst es im dritten Buch Mose (19, 33f). Bei aller Komplexität der gegenwärtigen gesellschaftlichen Situation können Kirchen aus ihrem biblisch-theologischen Erbe heraus also kaum anders, als sich zu engagieren und sich in die damit verbundenen öffentlichen Diskurse einzuschalten. Den kirchlichen Wortmeldungen darf es angesichts der Herausforderungen, die sich gegenwärtig stellen, allerdings nicht an Differenziertheit fehlen. Wie solche Diskurse gegenwärtig in Deutschland geführt werden, zeigte und analysierte Jula Well (Bochum) in ihrem Beitrag.

Stichworte wie »Gastlichkeit« und »Gastfreundschaft« sind momentan prägend für kirchliche Positionierungen zu Migration. Im Zuge der Tagung wurden allerdings auch durchaus kritische Anfragen an ein Konzept der Hospitalität gestellt. Die Beziehung zwischen Gastgeber und Gast bleibt beispielsweise unweigerlich eine assymetrische. Auf den Kontext Kanadas bezogen stellte Thomas Reynolds (Toronto) die Frage, wer denn nun eigentlich »Gast« und wer »Gastgeber« ist, in einem Land, das von einer konfliktgeladenen Siedler-Geschichte geprägt ist. Bei wem liegt die Macht, wen aufzunehmen, Entscheidungen zu fällen, Gastrecht zu gewähren? Wer sind die Subjekte, wer die Objekte auch kirchlichen Handelns? Wer wird wie wohinein integriert? Das Konzept der Gastfreundschaft ist, so Reynolds, anfällig dafür, koloniale und paternalistische Verhaltensweisen zu reproduzieren. Können im Kontext von Migration überhaupt auf Gegenseitigkeit beruhende, gleichberechtigte und reziproke Beziehungen entstehen? Sind die empfangenden Gesellschaften tatsächlich bereit zu einer Offenheit, die Unsicherheit mit sich bringt? Diese kritischen Fragen diskutierte nicht nur Reynolds, sondern auch Trygve Willer und HyeRan Kim-Cragg. Claudia Jahnel (Bochum) zeigte, dass diese Themen auch den postkolonialen Diskurs über Migration bewegen und damit die Theologie und kirchliche Praxis herausfordern. Postkoloniale Theorien denken nicht nur über koloniale Prägungen gegenwärtiger Debatten, über Mechanismen der Konstruktion des »Anderen« (des Flüchtlings, des Kolonialisierten...) nach, sondern ebenso über die *agency,* die Handlungsfähigkeit sowie die Ressourcen von Migrierenden, die einem einseitigen Opferbegriff entgegengestellt werden. Die Flucht selbst wird im postkolonialen Diskurs verstanden als Möglichkeit des Widerstands und des Widerspruchs, als Möglichkeit Leben zu gestalten, es aktiv in die Hand zu nehmen. Postkoloniale Theorien haben zudem intensiv über das Konzept sowie die Konstruktion und Dekonstruktion von Grenzen nachgedacht, die im Migrationsdiskurs ja sowohl im übertragenen wie im konkreten Sinn eine nicht unwesentliche Rolle spielen.

Die Frage, was nun im Kontext von Migration »Zugehörigkeit« (belonging) und »Beheimatung« bedeuten könnten, beschäftigte mehrere Referierende, u.a. Mpofu und Kim-Cragg. Wie werden Zugehörigkeit und Identität in einem neuen Kontext verhandelt (negotiated), konstruiert und erkämpft? Wie wird Zugehörigkeit definiert, wie wird sie ggf. verweigert? Und welche Rolle spielt dabei Religion? Bietet sie eine Form der Beheimatung jenseits politischer Grenzen? Dies sind eminent theologische Fragestellungen. Wo sind Menschen als Geschöpfe Gottes beheimatet? Was bedeutet die Vorstellung einer alle menschlichen Grenzen transzendierenden Zugehörigkeit zu Gott, für die Beheimatung im Hier und Jetzt?

Mit diesem summarischen Überblick ist die Vielfalt der Fragestellungen, die an der Tagung aufgeworfen und diskutiert worden, bei weitem nicht erfasst. Der Jurist Bijan Fateh-Maghadam beleuchtete beispielsweise das gegenwärtige Verhältnis von Recht und Religion in der Schweiz anhand der Debatte um die Gesichtsverschleierung. Ein weiterer Themenblock beschäftigte sich mit der besonderen Situation von Kindern und Jugendlichen im Kontext Migration/Religion, u.a. durch Beiträge von Beatrice Okyere-Manu (Pietermaritzburg, SA), Herbert Moyo (ebenfalls Pietermaritzburg, SA), Sinenhlanhla Chisale (Pretoria) und Ilona Nord (Würzburg). Geplant ist auch eine Veröffentlichung der Tagungsbeiträge, die im Herbst 2019 erscheinen soll.[1]

Last but not least: Nicht nur die verschiedenen geographischen und politischen Kontexte, die mit in die Diskussionen einflossen, machten den Reiz dieser Tagung aus, sondern auch die Interdisziplinarität der Referenten und Referentinnen. Unter ihnen waren neben Soziologen und Juristen auch zwei Fachvertreterinnen der Interkulturellen Theologie. Eine Mehrheit der Veranstaltenden und ein grosser Teil der Referierenden waren und sind allerdings Praktische Theolo-

---

[1] Religion and Migration. Negotiating Hospitality, Agency and Vulnerability, Leipzig Evangelische Verlagsanstalt, erscheint November 2019.

gen und Theologinnen. Die Tagung böte durchaus Anlass, grundsätzlich über das Verhältnis dieser beiden letztgenannten Fächer nachzudenken. Es verbindet sie ihr gemeinsames Interesse an gegenwärtiger Religion und kirchlicher Praxis in einem interkulturellen und -religiösen Umfeld, an den damit verbundenen Transformationsprozessen sowie an ethischen und politischen Fragestellungen. Dazu verwenden Praktische Theologie und Interkulturelle Theologie in vielen Fällen ein ähnliches Methodenrepertoire und beziehen sich auf ähnliche Referenzwissenschaften. Die Praktische Theologie bewegt sich damit über ihren »klassischen« Fächerkanon hinaus und bearbeitet engagiert gewichtige gesellschaftspolitische und ethisch relevante Themenfelder. Welche spezifischen Sichtweisen und Kompetenzen beide Fächer – Praktische Theologie und Interkulturelle Theologie – in solche Diskussionen einbringen können und wie dieser inner-theologisch interdisziplinäre Dialog weiter gefördert werden könnte, das sind Fragen, die zu diskutieren es hoffentlich weitere Gelegenheiten geben wird.

Sarah Markiewicz, **World Peace through Christian-Muslim Understanding: The Genesis and Fruits of the Open Letter »A Common Word Between Us and You«**, V&R unipress, Göttingen 2016, 321 Seiten, 50,00 Euro

Das vorliegende Buch ist die 2014 an der Humboldt-Universität zu Berlin eingereichte Dissertation der Autorin und die wohl erste ausführliche Monographie zu der Erklärung »A Common Word Between Us and You« (ACW), die am 13. Oktober 2007 vom Royal Aal al-Bayt Institute for Islamic Thought (RABIIT) in Jordanien veröffentlicht wurde. Sie wurde von 138 islamischen Gelehrten aus vielen Ländern erstunterzeichnet, als Ideengeber und federführend steht jedoch hinter ihr der jordanische Prinz Ghazi bin Muhammad bin Talal, der ungefähr ein Jahr nach der Freigabe des Offenen Briefs als Autor bekannt wurde. ACW, erstmalig, was seine Internationalität und breite muslimische Trägerschaft betrifft, war gemeint als Einladung an Christen zum Dialog und erschien gezielt zum einjährigen Jubiläum des Open Letter von 38 Gelehrten, der seinerseits 2006 auf die Regensburger Rede von Papst Benedikt XVI. reagiert hatte, vermeintlich auch deshalb, weil es auf den Open Letter keine nennenswerte Reaktion des Vatikan gegeben hatte. Dem wiederum vorausgegangen war die am 9. 11. 2004 an die Öffentlichkeit gegebene Amman Message, die zwei Jahre später von Prinz Ghazi mit einem Kommentar versehen wurde. Die Vorgeschichte und unmittelbare Anfangsgeschichte des ACW, das im 1. Kapitel inhaltlich dargestellt wird (36-42), sowie die zahlreichen Auswirkungen auf vielen Ebenen werden in der englischsprachigen Studie detailliert aufgearbeitet. Markiewicz rekapituliert einige Dialogaktivitäten, in deren Zusammenhang ACW eingeordnet werden kann, und geht näher auf die Biographie Prinz Ghazis ein, der auch Mitglied der jordanischen Regierung war. Sie weist darauf hin, dass mit ACW die islamische Welt einen seltenen Schritt tut, ihrerseits ein Dialogangebot an Christen zu machen, nachdem sie vorher überwiegend auf Dialogeinladungen reagiert hatte. Die Studie bettet die Behandlung von ACW in den allgemeinen Kontext interreligiöser und christlich-islamischer Dialogaktivitäten ein und widmet sich in einem Kapitel (›Interfaith Dialogue on the Global Stage‹) zunächst internationalen Dialogformaten, die entweder dem christlich-islamischen Dialog dienen oder multilateral angelegt sind oder eher politischen Charakter haben, wie das World Economic Forum (2008), die United Nations Alliance of Civilizations (2005) oder die World Interfaith Harmony Week (2011). Es folgt in Kapitel 3 eine Einordnung in den Diskurs über die Weltlage: Samuel Huntington, Francis Fukuyama und Robert Kaplan werden referiert. Politische Krisenherde werden wahrgenommen, die nolens volens den Hintergrund für diesen Dialog bieten:»Jerusalem and the Palestine Question«, US Foreign Policy, Terrorismus, Fundamentalismus, missionarische Aktivitäten und das große Feld von »Misunderstandings, Suspicion and Even Loathing«. Die Autorin hebt die (laut Ghazi) unpolitische Intention des Textes hervor – trotz hoher politischer Posten, die Prinz Ghazi innehatte –, markiert aber auch die gewünschten politischen Effekte, falls es zu einem besseren Verständnis zwischen Christentum und Islam kommen sollte. An mehreren Stellen schiebt Markiewicz kurze Grundsatzerläuterungen ein, um das Verständnis der islamischen Verlautbarungen zu erleichtern: So geht ihrer Auseinandersetzung mit der Amman Message (2004) ein Blick auf die grundsätzliche Konstitution des Islam voraus (Kap. 4: Islam responds to global tensions, Unterabschnitt zu den Fragen, was Islam ist, wer Muslim ist, zu verschiedenen Ausrichtungen im Islam). Der Behandlung des offenen Briefs der 38 Gelehrten vom 12. 10. 2016 lässt sie eine ausführliche Darstellung der Vorgänge in der römisch-katholischen Kirche, die auf die Regensburger Vorlesung von Benedikt XVI. hinführten, vorausgehen. Die Darstellung und Würdigung der Antworten und Wirkungen auf ACW, zuvorderst die Aktivitäten der Yale University und des damaligen Erzbischofs von Canterbury, Rowan Williams, bis hin u.a. zum vom Vatikan initiierten Catholic-Muslim Forum erfolgen in einem letzten großen Darstellungskapitel, bevor Markiewicz in ihrer Conclusion auf die Früchte von ACW in Gestalt zahlreicher Initiativen und Netzwerke hinweist, sowie auf Preise, die ACW erhielt.

Sie rekapituliert in ihrer Studie vorrangig die positiven Reaktionen und die Konferenzformate, die von ACW angestoßen wurden, während abgesehen von der sachlichen, aber auch vorsichtig und konstruktiv kritischen Stellungnahme von Samir Khalil Samir SJ keine Kritik erwähnt und analysiert wird. Die Anmerkungen und das Literaturverzeichnis zeigen, dass die Autorin sie zur Kenntnis genommen hat. Der Fokus auf der positiven Wirkungsgeschichte dürfte seinen Grund darin haben, dass Kritik im Verhältnis zu den positiven, wenn nicht sogar begeisterten Reaktionen international verschwindend gering war.

Die Studie stellt, außer dass sie auf der Basis umfassenden Quellenmaterials eine hochgradig gründliche Auseinandersetzung mit der Erklärung *A Common Word* bietet, auch eine wichtige Sichtung internationaler christlich-islamischer Dialogaktivitäten dar, sodass die Geschichte, Hintergrund, Absicht und gewünschte Wirkungen nicht nur des Offenen Briefs ACW, sondern auch der Vorgängererklärungen einsehbar und die betreffenden Texte nachvollziehbar werden. Das Buch wird einen wichtigen Platz im Bereich der Erforschung des christlich-islamischen Dialogs erhalten und kann seinerseits daran mitwirken, dass die Erklärung ACW noch länger nach-

hallt, als dies Verlautbarungen zum Dialog sonst vergönnt ist.
Ulrich Dehn

Joachim Wietzke, **Die Weite des Evangeliums. Eine theologiegeschichtliche Regionalstudie zur Missionsbewegung in Schleswig-Holstein,** Bd. 1 Von der Reformation bis zum Ende des Ersten Weltkriegs, 472 S., Matthiesen Verlag, Husum 2017, 24,95 Euro

Wietzkes Studie beschreibt sehr detailliert den Weg einer europäischen Regionalkirche hin zu einem globalen und ökumenischen Bewusstsein. Heute bekennt sich die Ev. Luth. Kirche in Norddeutschland als Nachfolgerin der Schleswig-Holsteinischen Kirche in ihrer Verfassung zu ihrer Verantwortung für Mission, Ökumene und weltweite Gerechtigkeit. In diesem Prozess war die Missionsbewegung eine treibende Kraft. Wietzke zeichnet – und dies ist der besondere Vorzug der Arbeit – die Bewegung in ihren verschiedenen Phasen in den zeit- und theologiegeschichtlichen Rahmen Schleswig-Holsteins ein.

Die Anfänge zur Missionsbewegung kamen von außen nach Schleswig-Holstein herein: Der radikale Pietismus aus anderen Teilen Deutschlands und den Niederlanden, die Unterstützung der Mission von Zinzendorfs Brüdergemeine durch das dänische Königshaus, zu dem das Land gehörte, die Universitäten, die die außereuropäischen Kulturen und Sprachen entdeckten. Gemeindeglieder und Pasto-

ren, die der üblichen lutherischen Orthodoxie kritisch gegenüberstanden, griffen die neuen Anstöße auf.

Mitte des 19. Jahrhunderts wächst der Einfluss Preußens und ein begeisterter deutscher Nationalismus entsteht, der sich gegen die dänische Fremdherrschaft wendet. In den Zeitungen und kirchlichen Blättern beginnt eine Diskussion um eine Kirchenreform getragen von nationalem Selbstbewusstsein und den Idealen der Aufklärung. Eine eigene lutherische Kirchenmission wird gefordert, die sowohl eine Innere Mission im Sinne Wicherns wie den Beginn einer Äußeren Mission in anderen Kontinenten umfassen sollte.

Mit dem kleinen nordfriesischen Dorf Breklum und seinem Pastor Christian Jensen bildet sich von 1870 an ein Zentrum der Missionsbewegung heraus. Jensen vertritt ein lutherisch-konservatives Christentum der Tat. Er gründet von Breklum aus und in Breklum in kurzer Folge erbauliche und kirchenpolitische Zeitungen, einen Landesverband der Inneren Mission mit verschiedenen Anstalten und eine Missionsanstalt mit Seminar. Durch seine publizistische Tätigkeit als Dorfpastor gewinnt Jensen Förderer und finanzielle Unterstützung unter der ländlichen Bevölkerung, aber auch von Gebildeten und städtischen Kreisen. In Jensens Vorstellung mussten die Erneuerung der Kirche in Schleswig-Holstein und die Mission in Übersee eng verbunden sein. Die Verknüpfung der beiden Anliegen führte zu einem Konflikt in seinen Unterstützerkreisen. Es gab diejenigen, die die Erfordernisse der Organisation für das Missionsfeld Indien betonten, und andere, für die der pietistische Frömmigkeitsstil von Breklum das Wichtigste war.

Nach Jensens Tod im Jahr 1900 positionierte sich die Missionsbewegung in dem Streit zwischen »altem Glauben« und »moderner Theologie« deutlich auf der Seite des alten lutherischen Bekenntnisses. Aber die Liberalen in der Kirche fragten mehr und mehr die Breklumer Arbeit an. Sie sei zu religiös und auf die Bildung kleiner Gemeinschaften angelegt, wo es doch im angebrochenen Kolonialzeitalter um die Anhebung des Lebensstandards von ganzen Bevölkerungen gehen müsste. Die Breklumer Mission beugte sich diesen kolonialistischen Argumenten, eröffnete in Deutsch-Ostafrika 1911 ein neues Missionsgebiet, wies aber zugleich darauf hin, dass sie kein koloniales Unternehmen, sondern ein »religiöses Werk« bleiben wollte.

Im Ersten Weltkrieg verlor die Breklumer Mission ihre beiden Missionsgebiete. Gegenüber patriotischer Kriegsunterstützung auf der einen Seite und realpolitischer Verhandlungsstrategie und Friedenspolitik auf der anderen Seite deutete die Missionsbewegung das Kriegsleiden als Gottes Ruf zur Umkehr und als Ausdruck der Liebe Gottes, die Sünde abwenden will. Die pastorale Wirkung dieser Sicht war groß und trug offensichtlich zur Verbundenheit vieler Kirchenglieder mit der Mission bei. Volksmission in Deutschland und Volkskirche in den Missionsgebieten wurden zu neuen Schlagworten.

Die theologie- und zeitgeschichtliche Herangehensweise Wietzkes zeigt, wie sehr neben christlichen Motiven die Strömungen in der schleswig-holsteinischen Gesellschaft den Verlauf der Missionsbewegung beeinflusst haben. Es ist ein besonderes Merkmal der Studie, dass Wietzke den Debatten um die Mission in ihren Argumenten ausführlich nachgeht und ihr Für und Wider darstellt. Dadurch wird der regionale Bericht farbig und lädt zum Weiterdenken ein. Aus heutiger Sicht bleibt erstaunlich, welchen geringen Stellenwert die Erfahrungen und die Zukunftsentwürfe der Bevölkerung in den Missionsgebieten selbst in der Auseinandersetzung um die Mission haben.

Die Missionsbewegung ist hauptsächlich mit dem Entdecken einer christlichen Weltsicht aus den Vorgängen in Kirche und Gesellschaft Schleswig-Holsteins befasst. Ein Zeitraum von fast 100 Jahren reicht anscheinend nicht aus, das Fremde, was Menschen außerhalb von Europa bewegt, an die eigenen Vorstellungen herankommen zu lassen. Dies langsame Voranschreiten zeigt aber auch, in welcher Kontinuität die heutige ökumenische Arbeit steht.

Zweifellos ist einiges erreicht im Vergleich zum 19. Jahrhundert im Wahrnehmen der Situation und der Ansprüche der Fremden außerhalb der vertrauten Region. Aber haben wir deswegen im Sinne eines Christentums der Tat funktionierende ökumenische Plattformen gefunden, um Probleme gleichberechtigt besprechen und lösen zu können? Wenn man in dieser Weise die Studie von Wietzke liest, dann kann sie einem die Augen öffnen für die heutigen Wiederholungssituationen in einer anderen Zeit und auf anderen Ebenen. Sie erinnert daran, dass ökumenische Arbeit nichts mit einem »kurzen Atem« zu tun hat.

Wietzkes Darstellung der Missionsbewegung reicht bis zum Ende des Ersten Weltkriegs. Es ist zu wünschen, dass der zweite Band nicht zu lange auf sich warten lässt.

Justus Freytag

Uwe Heimowski, Die Heilsarmee. Practical Religion – gelebter Glaube, Neufeld Verlag, 2006, 220 Seiten

Ralph Hennings, Die Kwami-Affäre im September 1932, Isensee Verlag 55 Seiten

Stefan Leder (Hg.), Schrift – Offenbarung – Dogma – im christlich-muslimischen Dialog, Verlag Friedrich Pustet 2016, 262 Seiten

Darius J. Piwowarczyk, Coming out of the »Iron Cage«: The Indigenists of the Society of the Divine Word in Paraguay, 1910-2000, Academic Press Fribourg, 2008, 368 Seiten

Otto Schüpbach, Unter dem südlichen Kreuz – Begegnungen in West-Papua, Books on Demand 2008, 240 Seiten

Otto Schüpbach, Wo Paradiesvögel balzen. Im Urwald von West-Papua, Books on Demand, 2009, 192 Seiten

Dia al-Shakarchi, Religion kontra GOTT. Areligionismus: Der dritte Weg neben Religionismus und Atheismus, Paramon Verlag, 2016, 397 Seiten

Oliver Steffen, Religion in Games. Eine Methode für die religionswissenschaftliche Digitalforschung, Reimer 2017, 334 Seiten

Andrea Zielinski/Erhard Kamphausen, Purity and Anger – Reinheit und Wut. Ethnisierung von Religionen in fundamentalistischen Gemeinschaften – Ethnicizing Religions in fundamentalist communities, LIT 2013, 244 Seiten

(Diese Bücher können zur Rezension oder zum eigenen Bedarf vom Chefredakteur Ulrich Dehn angefordert werden. Ausdrücklich weisen wir darauf hin, dass diese Liste nicht zur Werbung gedacht ist. Im Regelfall sollen Bücher nicht unaufgefordert zugesandt werden. Bitte stellen Sie uns ggfs. die Angaben über neu erschienene Bücher zur Verfügung, damit wir über eine Besprechung entscheiden und dann ein Rezensionsexemplar vom Verlag anfordern.)

■ Redaktion

Prof. Dr. Ulrich Dehn (Chefredakteur)
FB Evangelische Theologie der Universität Hamburg, Gorch-Fock-Wall 7, #6, D-20354 Hamburg,
ulrich.dehn@uni-hamburg.de

Prof. Dr. Andreas Heuser (Forum Junge Forschung) Theologische Fakultät der Universität Basel,
Nadelberg 10, CH-4051 Basel, andreas.heuser@unibas.ch

Prof. Dr. Claudia Jahnel, (Rezensionen) Ev.-theol. Fakultät der Ruhr-Universität Bochum,
Universitätsstr. 150, D-44780 Bochum, claudia.jahnel@rub.de

Dr. Katrin Kusmierz (Berichte und Dokumentationen) Theologische Fakultät der Universität Bern,
Länggassstr. 51, CH-3012 Bern, katrin.kusmierz@theol.unibe.ch

Prof. Dr. Heike Walz (Rezensionen) Augustana-Hochschule, Waldstr. 11,
D-91564 Neuendettelsau, heike.walz@augustana.de

■ Verfasser_innen und Renzensent_innen

Dr. Joseph Bosco Bangura, Basilieklaan 157, 3270 Scherpenheuvel-Zichem, Belgien,
jbbangura@gmail.com

Mia-Maria Fischer, Leverkusenstieg 17, D-22761 Hamburg, mia-maria.fischer@gmx.de

Dr. Justus Freytag, Am Schulwald 7, D-22415 Hamburg, justus.freytag@gmx.de

Dr. Claudia Hoffmann, Universität Basel, Theologische Fakultät, Nadelberg 10, CH-4051 Basel,
Schweiz, claudia.hoffmann@unibas.ch

Dr. Genevieve Nrenzah, Institute of African Studies, University of Ghana, Kwame Nkrumah
Complex, Anne Jiagge Road, P.O. Box LG 73, Legon, Accra-Ghana, gnrenzah@ug.edu.gh

Dr. Marijan Orsolic, Wenzel-Kaska-Straße 9/8, 3100 St. Pölten, Österreich, m.orsolic@kirche.at

Dr. Lisanne Teuchert, Evangelisch-Theologische Fakultät, Universitätsstr. 150, GA 7/152,
D-44801 Bochum

Dr. Simon Wiesgickl, Siegfriedstraße 57, D-90461 Nürnberg, simon.wiesgickl@posteo.de